Die Schriften der Essener – Buch 1

Über das Buch

Dieses erste Buch der Essener-Schriften ist ein außerordentliches Dokument. Es offenbart, daß Jesus, der Essener, die Heilkräfte der Natur kannte und nutzte: die Kräfte der Luft, des Lichtes, der Erde und des Wassers. All die Heil- und Ernährungsweisen auf biologischer Grundlage, wie Heilfasten, Kneippkuren, Bäder- und Moortherapie, Kräuterheilkunde und vegetarische Ernährung beruhen zum großen Teil auf der direkten oder indirekten Überlieferung der Erfahrungen der Essener-Bruderschaft vom Toten Meer. Der Übersetzer dieser Dokumente fand sie in den Geheimarchiven des Vatikans. Seit ihrer ersten Veröffentlichung im Jahre 1933 sind diese Schriften für Millionen von Menschen in aller Welt zu der Grundlage einer neuen Lebensphilosophie geworden.

Über den Autor

Dr. Edmond Bordeaux Székely promovierte als Philologe an der Universität von Paris und erhielt Auszeichnungen von den Universitäten in Wien und Leipzig. Er hatte eine Professur für Philosophie und Experimentelle Psychologie an der Universität von Klausenburg (Cluj), Siebenbürgen (Rumänien). Außer seinen gelehrten Kenntnissen von Sanskrit, Aramäisch, Griechisch und Latein sprach Dr. Székely zehn moderne Sprachen. Seine wichtigsten Übersetzungen sind die ausgewählten Texte der Schriftrollen vom Toten Meer und die Evangelien der Essener. Außerdem hat er Teile der *Zend Avesta* und vorkolumbianischer Schriften des alten Mexiko übersetzt. Insgesamt hat er über 70 Bücher über Philosophie, die Lehren der Essener und alte Kulturen geschrieben, die in vielen Ländern der Welt veröffentlicht wurden. Dr. Székely, den viele seiner Freunde liebevoll «Professor» nannten, ist 1979 gestorben.

Eine Auswahl von weiteren Büchern des Autors finden Sie am Schluß dieses Buches.

Das Friedens Evangelium der Essener

Der Originaltext aus dem Aramäischen übersetzt von
Dr. Edmond Bordeaux Székely

MANDALA
MEDIA

Aus dem Englischen von Bruno Martin

Deutsche Übersetzung: neu bearbeitet 1988
Umschlaggestaltung: Charles Huguenin
Umschlagbild: Creative Company, Basthorst
Satz: Mandala Media, Rheinfelden
Herstellung: F. X. Stückle, Ettenheim
Printed in Germany
ISBN 3-906983-03-X
Mandala Media , Postfach 404, CH-4310 Rheinfelden

Vorwort

Beinahe zweitausend Jahre sind vorübergegangen, seit der Menschensohn die Menschheit den «Weg, die Wahrheit und das Leben» lehrte. Er brachte den Kranken Gesundheit, den Unwissenden Weisheit und Glück den Elenden. Er eroberte die halbe Menschheit und die ganze westliche Zivilisation. Diese Tatsache beweist die ewige Lebenskraft der Worte des Meisters und ihren hohen und unvergleichlichen Wert.

Der Inhalt dieses Buches stellt nur ein Teil der vollständigen Manuskripte dar, die auf Aramäisch in den Archiven des Vatikans und in Altslawisch in den königlichen Archiven der Habsburger (heute im Besitz der österreichischen Regierung) liegen. Wir verdanken die Existenz dieser zwei Versionen den nestorianischen Priestern, die unter dem Druck der vorrückenden Horden des Dschingis Khan gewungen waren, vom Osten in den Westen zu fliehen, und die dabei alle ihre alten Schriften und Ikonen mitnahmen. Die alten aramäischen Texte stammen aus dem dritten Jahrhundert nach Christus, und die alte slawische Version ist deren wörtliche Übersetzung. Wie die Texte tatsächlich von Palästina ins innere Asien in die Hände der nestorianischen Priester gelangten, können die Archäologen uns noch nicht rekonstruieren. Wir haben dem

Text nichts hinzuzufügen, er spricht für sich selbst. Der Leser, der die folgenden Seiten mit Aufmerksamkeit studiert, wird die ewige Lebenskraft und machtvolle Evidenz dieser grundlegenden Wahrheiten fühlen, die die Menschheit heute dringender benötigt als je zuvor. «Und die Wahrheit wird sich selbst bezeugen.»

London 1937
Edmond Bordeaux Székely

Vorwort zur Ausgabe von 1974

Vierzig Jahre vergingen seit der ersten Veröffentlichung des ersten Buches des Evangeliums der Essener. In dieser Zeit durchlebte die Welt einen verheerenden globalen Krieg und sieht sich nun wieder einmal offensichtlich unüberwindbaren Problemen in Form von planetarischer Verseuchung, Energiemangel und Spannungen zwischen unterschiedlichen politischen Philosophien gegenüber. Und immer noch säen diese zeitlosen Worte Jesu ihren Samen des Friedens und der Liebe in eine geplagte Welt. Über fünf Millionen Leser nahmen diese Botschaft des Essener-Evangeliums seit 1933 auf, und ihre Zahl wächst täglich. Victor Hugo sagte, daß es keine größere Macht gibt als die einer Idee, deren Zeit gekommen ist. Vielleicht ist jetzt die Zeit für die einfache Stärke der Essener-Philosophie gekommen. Vielleicht ist es noch nicht zu spät für die verwandelnde Kraft dieser Worte Jesu in ihrer ursprünglichen Reinheit und Einfachheit, damit ihre Magie auf eine Welt wirken kann, die diese Worte wie nie zuvor in der Geschichte nötig hat.

San Diego, Kalifornien 1974
Edmond Bordeaux Székely

Und es begab sich, daß viele Kranke und Verstümmelte zu Jesus kamen und ihn fragten: «Wenn du alle Dinge weißt, sage uns, warum wir unter diesen schlimmen Plagen leiden! Warum sind wir nicht gesund wie andere Menschen? Meister, heile uns, damit wir stärker werden und nicht länger in unserem Elend verharren müssen. Wir wissen, daß es in deiner Macht liegt, alle Arten von Krankheiten zu heilen. Befreie uns vom Satan und von allen seinen großen Heimsuchungen. Meister, habe Erbarmen mit uns!»

Und Jesus antwortete: «Glücklich seid ihr, die ihr nach der Wahrheit hungert, denn ich will euch mit dem Brot der Weisheit sättigen. Glücklich seid ihr, daß ihr anklopft, denn ich will euch die Tür des Lebens öffnen. Glücklich seid ihr, die ihr die Macht des Satans abschütteln wollt, denn ich will euch in das Reich der Engel unserer Mutter führen, wo die Macht des Satans keinen Zugang hat.»

Und sie fragten ihn mit Erstaunen: «Wer ist unsere Mutter, und was sind ihre Engel? Und wo ist ihr Reich?»

«Eure Mutter ist in euch und ihr in ihr. Sie gebar euch; sie gibt euch Leben. Sie war es, die euch euren Körper gab, und an sie werdet ihr ihn eines Tages zurückgeben.

Glücklich seid ihr, wenn ihr sie und ihr Reich kennenlernt, wenn ihr die Engel eurer Mutter empfangt und ihre Gesetze befolgt. Wahrlich, ich sage euch, derjenige, der diese Dinge tut, wird nie krank werden; denn die Macht unserer Mutter steht über allem. Sie zerstört Satan und sein Reich, und sie beherrscht unsere Körper und alle lebenden Dinge.

Das Blut, das in uns fließt, stammt vom Blut unserer Erdenmutter. Ihr Blut fällt aus den Wolken, entspringt dem Schoß der Erde, plätschert in den Quellen der Berge, fließt weit in den Flüssen der Ebenen, schläft in den Seen, tobt mächtig in den stürmischen Meeren.

Die Luft, die wir atmen, stammt aus dem Atem unserer Erdenmutter. Ihr Atemzug ist azurn in den Höhen der Himmel, seufzt in den Gipfeln der Berge, flüstert in den Blättern der Wälder, wogt in den Kornfeldern, schlummert in den tiefen Tälern, brennt heiß in den Wüsten.

Die Härte unserer Knochen stammt von den Knochen unserer Erdenmutter, den Felsen und Steinen. Nackt ragen sie in den Himmel auf den Berggipfeln, sind wie Giganten, die schlafend an den Hängen der Berge liegen, wie Götzenbilder in die Wüste gesetzt und sind verborgen in den Tiefen der Erde.

Die Zartheit unseres Fleisches stammt aus dem Fleisch unserer Erdenmutter, deren Fleisch gelb und rot in den Früchten der Bäume wächst, und uns nährt aus den Furchen der Felder.

Unsere Eingeweide stammen aus dem Innern unserer Erdenmutter, wie die unsichtbaren Tiefen der Erde, und sind unseren Augen verborgen.

Das Licht unserer Augen, das Gehör unserer Ohren entstammen beide den Farben und den Geräuschen unserer Erdenmutter, die uns umschließen wie die Wellen des Meeres einen Fisch, wie die wirbelnde Luft einen Vogel.

Ich sage euch in Wahrheit, der Mensch ist der Sohn der Erdenmutter, und von ihr erhielt der Menschensohn seinen Körper, so wie auch der Körper des neugeborenen Kindes aus dem Schoße seiner Mutter geboren wird. Wahrlich, ich sage euch, ihr seid eins mit der Erdenmutter; sie ist in euch und ihr seid in ihr. Aus ihr seid ihr geboren, in ihr lebt ihr, und zu ihr werdet ihr zurückkehren. Haltet darum ihre Gesetze, denn keiner kann lange leben, noch glücklich sein, außer dem, der seine Erdenmutter ehrt und ihre Gesetze achtet. Denn euer Atem ist ihr Atem, euer Blut ist ihr Blut, eure Knochen ihre Knochen, euer Fleisch ihr Fleisch, eure Eingeweide ihre Eingeweide, eure Augen und Ohren ihre Augen und Ohren.

Ich sage euch, solltet ihr nur eines dieser Gesetze nicht halten können, solltet ihr nur eines eurer Körperteile schädigen, werdet ihr vollständig in eurer schmerzvollen Krankheit verloren sein, und es wird Heulen und Zähneklappern geben. Ich sage euch, wenn ihr nicht nach den Gesetzen eurer Mutter lebt, könnt ihr in keiner Weise dem Tod entrinnen. Und an dem, der sich an die Gesetze seiner Mutter hält, wird seine Mutter auch festhalten. Sie wird seine Leiden heilen, und er wird nie krank werden. Sie gibt ihm langes Leben und schützt ihn vor allen Leiden, vor dem Feuer, vor dem Wasser und vor den Bissen der giftigen Schlangen. Denn eure Mutter gebar euch, erhält das Leben in euch. Sie gab euch ihren Körper und niemand außer ihr heilt euch. Glücklich ist der, der seine Mutter liebt und ruhig an ihrem Busen liegt. Denn eure Mutter liebt euch, auch wenn ihr euch von ihr abwendet. Und um wieviel mehr wird sie euch lieben, wenn ihr euch wieder zu ihr wendet? Wahrlich, ich sage euch, die Liebe ist sehr groß, größer als die höchsten Berge, tiefer als die tiefsten Meere. Und jene, die ihre Mutter lieben, wird sie nie verlassen. So wie die Henne ihre Küken schützt, wie die Löwin ihre Jungen, wie die Mutter ihr Neugeborenes, so schützt die Erdenmutter den Menschensohn vor aller Gefahr und allem Übel.

Denn wahrlich, ich sage euch, unzählige Gefahren und Übel liegen auf der Lauer nach dem Menschensohn. Beelzebub, der Fürst der Teufel, die Quelle jeden Übels, lauert im Körper aller Menschensöhne. Er ist der Tod, der Herr jeder Plage, und indem er eine freundliche Kleidung anlegt, versucht und bedrängt er die Menschensöhne. Er verspricht Reichtümer, Macht, glänzende Paläste und Gewänder aus Gold und Silber und eine Menge Diener, all dies; er verspricht Ruhm und Herrlichkeit, Unzucht und Lüsternheit, Gefräßigkeit und Trunkenheit, liederliches Leben, Faulheit und müßige Tage. Und er lockt jeden mit dem, was sein Herz am meisten begehrt. Und an dem Tage, an dem die Menschensöhne schon die Sklaven all dieser Eitelkeit und Abscheulichkeiten geworden sind, schnappt er sich als Bezahlung all jene Dinge, welche die Erdenmutter so reichlich gab. Er nimmt von ihrem Atem, ihrem Blut, ihren Knochen, ihrem Fleisch, ihren Eingeweiden, ihren Augen und Ohren. Und der Atem des Menschensohns wird kurz und keuchend, voll Pein und übelriechend wie der Atem unsauberen Viehs. Und sein Blut wird dick und stinkend wie das Wasser der Sümpfe, es klumpt und wird schwarz wie die Nacht des Todes. Und seine Knochen werden hart und knotig, sie schwinden dahin und brechen entzwei, wie ein Stein, der auf Felsen fällt. Und sein Fleisch wird fettig und wässrig, es verrottet und fault mit Räude und Beulen, die abscheulich sind. Und seine Eingeweide füllen sich mit abscheulichem Unflat, mit schlammigen Strömen des Verfalls; und viele schreckliche Würmer hausen darin. Seine Augen trüben sich, bis die dunkle Nacht sie einhüllt, und die Ohren werden taub wie die Grabesstille. Und zuletzt verliert der irrende Menschensohn sein Leben. Denn er hielt nicht die Gesetze seiner Mutter und häufte Sünde auf Sünde. Darum werden ihm alle Geschenke der Erdenmutter genommen: Atem, Blut, Knochen, Fleisch, Eingeweide, Augen und Ohren, und nach allem anderen auch noch das Leben, mit dem die Erdenmutter seinen Körper krönte.

Aber wenn der irrende Menschensohn seine Sünden bedauert und sie ungeschehen machen will und wieder zu seiner Erdenmutter zurückkehrt, und wenn er die Gesetze seiner Erdenmutter hält und sich aus den Klauen des Satans befreit, indem er dessen Versuchungen widersteht, dann empfängt die Erdenmutter ihren irrenden Sohn mit Liebe und schickt ihm ihre Engel, damit sie ihm dienen. Wahrlich, ich sage euch, wenn der Menschensohn dem Satan widersteht, der in ihm haust, und nicht dessen Willen ausführt, wird er zur gleichen Stunde die Engel der Mutter dort finden, auf daß sie ihm mit allen ihren Kräften helfen und den Menschensohn vollständig aus der Macht des Teufels befreien.

Denn kein Mensch kann zwei Herren dienen. Entweder er dient Beelzebub und seinen Teufeln oder er dient der Erdenmutter und ihren Engeln. Entweder er dient dem Tode oder er dient dem Leben. Wahrlich, ich sage euch, glücklich sind jene, die die Gesetze des Lebens halten und nicht den Pfad des Todes wandeln. Denn in ihnen wachsen die Lebenskräfte, und sie entkommen den Plagen des Todes.»

Und alle um ihn lauschten seinen Worten mit Staunen, denn in seinem Wort war Kraft, und er lehrte ganz anders als die Priester und Schriftgelehrten.

Und obwohl die Sonne nun untergegangen war, machten sie sich nicht zu ihren Wohnstätten auf. Sie saßen um Jesus herum und fragten ihn:

«Meister, welche sind diese Gesetze des Lebens? Bleibe noch eine Weile bei uns und lehre uns. Wir möchten deiner Lehre zuhören, auf daß wir geheilt und rechtschaffen werden.»

Und Jesus setzte sich in ihre Mitte und sagte: «Wahrlich, ich sage euch, niemand kann glücklich sein, außer er hält das Gesetz.»

Und die anderen antworteten: «Wir halten all die Gesetze von Moses, dem Gesetzesbringer, genau wie sie in den heiligen Schriften geschrieben sind.»

Und Jesus antwortete: «Sucht nicht das Gesetz in den Schriften, denn das Gesetz ist Leben, während die Schrift tot ist. Wahrlich, ich sage euch, Moses erhielt die Gesetze nicht aufgeschrieben von Gott, sondern durch das lebendige Wort. Das Gesetz ist das lebendige Wort des lebendigen Gottes an lebendige Propheten für lebendige Menschen. In allem Lebendigen ist das Gesetz. Ihr findet es im Gras, im Baum, im Fluß, im Berg, in den Vögeln des Himmels, in den Fischen des Meeres; doch sucht es hauptsächlich in euch selbst. Denn wahrlich, ich sage euch, alle lebendigen Dinge sind Gott näher als die Schrift, die ohne Leben ist. So machte Gott das Leben und alle lebendigen Dinge, daß sie durch das ewige Wort die Gesetze des wahren Gottes den Menschen lehren können. Gott schrieb die Gesetze nicht auf Buchseiten, sondern in eure Herzen und euren Geist. Sie sind in eurem Atem, eurem Blut, euren Knochen, in eurem Fleisch, euren Eingeweiden, euren Augen und Ohren und in jedem kleinsten Teil eures Körpers. Sie sind gegenwärtig in der Luft, im Wasser, in der Erde, in den Pflanzen, in den Sonnenstrahlen, in den Tiefen und

Höhen. Sie sprechen alle zu euch, damit ihr die Sprache und den Willen des lebendigen Gottes verstehen könnt. Aber ihr schließt eure Augen, um nicht zu sehen, verstopft eure Ohren, um nicht zu hören. Wahrlich, ich sage euch, die Schriften sind das Werk der Menschen, aber das Leben und all seine Heerscharen sind die Werke unseres Gottes. Warum hört ihr nicht auf die Worte Gottes, die in seine Werke geschrieben sind? Und warum studiert ihr die toten Schriften, die aus der Hand des Menschen stammen?»

«Wie können wir die Gesetze Gottes anders lesen als in den Schriften? Wo sind sie geschrieben? Lies sie uns dort vor, wo du sie siehst, denn wir kennen nichts anderes als die Schriften, die uns unsere Vorväter vererbten. Berichte uns von den Gesetzen, von denen du sprichst, damit wir geheilt und gerecht werden, wenn wir sie hören.»

Jesus sagte: «Ihr versteht die Worte des Lebens nicht mehr, weil ihr im Tode seid. Dunkelheit trübt eure Augen, und eure Ohren sind mit Taubheit verstopft. Denn ich sage euch, es nützt euch nichts, über toten Schriften zu brüten, wenn ihr mit euren Taten jenem verneint, der euch die Schriften gab. Wahrlich, ich sage euch, Gott und seine Gesetze finden sich nicht in euren Taten. Sie finden sich nicht in Schlemmereien und Trunkenheit, noch in liederlichem Leben oder Lüsternheit, noch in der Suche nach Reichtümern, noch im Haß auf eure Feinde. Denn alle diese Dinge kommen aus dem Reich der Dunkelheit und vom Herrn allen Übels.

Und all diese Dinge tragt ihr in euch selbst; und so dringen das Wort und die Macht Gottes nicht in euch ein, weil alle möglichen Übel und Abscheulichkeiten ihre Wohnung in eurem Körper und eurem Geist haben. Wenn ihr wollt, daß das lebendige Wort Gottes und seine Macht in euch eindringen kann, dann beschmutzt nicht euren Körper und euren Geist; denn der Körper ist der Tempel des Geistes, und der Geist ist der Tempel Gottes. Darum reinigt den Tempel, damit der Herr des Tempels darin wohnen und einen Platz einnehmen kann, der seiner wert ist.

Und von allen Versuchungen eures Körpers und Geistes, die von Satan kommen, zieht euch zurück unter den Schatten von Gottes Himmel.

Erneuert euch und fastet. Denn ich sage euch wirklich, daß der Satan und seine Plagen nur durch Fasten und Beten ausgetrieben werden können. Bleibt allein und fastet und zeigt euer Fasten keinem Menschen. Der lebendige Gott wird es sehen, und groß wird die Belohnung sein. Und fastet, bis Beelzebub und alle seine Übel euch verlassen und all die Engel eurer Erdenmutter kommen und euch dienen. Wahrlich, ich sage euch, wenn ihr nicht fastet, werdet ihr euch nie aus der Macht des Satans befreien können und von allen Krankheiten, die Satan verursacht. Fastet und betet inbrünstig und sucht die Macht des lebendigen Gottes für eure Heilung. Meidet die Menschensöhne während des Fastens und sucht die Erdenmutter, denn der Suchende wird finden.

Sucht die frische Luft der Wälder und Felder, und dort in ihrer Mitte werdet ihr den Engel der Luft finden. Zieht eure Schuhe und Kleider aus und erlaubt dem Engel der Luft, euren ganzen Körper zu umarmen. Dann atmet lang und tief, damit der Engel der Luft in euch hineingelangen kann. Wahrlich, ich sage euch, der Engel der Luft wird alle Unreinheiten aus eurem Körper ausscheiden, die ihn innerlich und äußerlich verschmutzen. Und so werden alle unsauberen Dinge aus euch aufsteigen, wie der Rauch des Feuers sich aufwärts schlängelt und sich im Meer der Luft verliert. Denn wahrlich, ich sage euch, heilig ist der Engel der Luft, der alles Unreine reinigt und allem Übelriechenden einen süßen Duft gibt. Kein Mensch wird vor das Antlitz Gottes treten, der nicht vom Engel der Luft durchgelassen wurde. Wahrlich, alles muß durch die Luft und die Wahrheit wiedergeboren werden, denn euer Körper atmet die Luft der Erdenmutter, und euer Geist atmet die Wahrheit des Himmlelsvaters.

Nach dem Engel der Luft sucht den Engel des Wassers. Zieht eure Schuhe und Kleider aus und erlaubt dem Engel des Wassers, euch zu umarmen. Werft euch ganz in seine umfangenden Arme, und so oft ihr die Luft mit eurem Atem bewegt, bewegt mit eurem Körper das Wasser. Ich sage euch wahrlich, der Engel des Wassers wird alle Unreinheiten aus eurem Körper auswaschen, die euch innerlich und äußerlich verschmutzen, und alle unsauberen und stinkenden Dinge werden aus euch fließen, wie die Unsauberkeit eurer Kleider vom

Wasser weggespült wird und im Strom des Flusses sich verliert. Wahrlich, ich sage euch, heilig ist der Engel des Wassers, der alles Unreine säubert und allen übelriechenden Dingen einen süßen Duft verleiht. Kein Mensch kann vor das Antlitz Gottes treten, den der Engel des Wassers nicht vorbeiläßt. Wahrhaftig, alles muß durch das Wasser und die Wahrheit wiedergeboren werden, denn euer Körper badet im Fluß des Erdenlebens, und euer Geist badet im Fluß des ewigen Lebens. Denn ihr erhaltet euer Blut von eurer Erdenmutter und die Wahrheit von eurem Himmlischen Vater.

Denkt nicht, daß es ausreicht, wenn euch der Engel des Wassers nur äußerlich umarmt. Wahrlich, ich sage euch, die innere Unreinheit ist um vieles größer als die äußere Unreinheit. Und derjenige, der sich äußerlich reinigt, aber innen unrein bleibt, ist wie die Grabstätten, die außen ansehnlich gestrichen sind, aber innen voller grauenerregender Unsauberkeiten und Abscheulichkeiten stecken. So sage ich euch wahrhaftig, laßt den Engel des Wassers euch auch innerlich taufen, damit ihr von den vergangenen Sünden frei werdet und daß ihr innen genauso rein werdet wie das Sprudeln des Flusses im Sonnenlicht.

Darum sucht einen großen Rankkürbis mit einer Ranke von der Länge eines Mannes; nehmt sein Mark aus und füllt ihn mit dem Wasser des Flusses, das die Sonne erwärmte. Hängt ihn an den Ast eines Baumes und kniet auf den Boden vor dem Engel des Wassers und führt das Ende der Ranke in euer Hinterteil ein, damit das Wasser durch alle eure Eingeweide fließen kann. Ruht euch hinterher kniend auf dem Boden vor dem Engel des Wassers aus und betet zum lebendigen Gott, daß er euch eure alten Sünden vergibt, und betet zum Engel des Wassers, daß er euren Körper von jeder Unreinheit und Krankheit befreit. Laßt das Wasser dann aus eurem Körper fließen, damit es aus dem Inneren alle unreinen und stinkenden Stoffe des Satans wegspült. Und ihr werdet mit euren Augen sehen und mit eurer Nase all die Abscheulichkeiten und Unreinheiten riechen, die den Tempel eures Körpers beschmutzten, und sogar all die Sünden, die in eurem Körper wohnen und euch mit allen möglichen Leiden foltern. Wahrlich, ich sage euch, die Taufe mit Wasser befreit euch von alledem. Erneuert eure Taufe mit Wasser an jedem Fastentag, bis zu dem Tag, an dem ihr seht, daß das Wasser, das aus euch hinausfließt, so rein ist wie das Sprudeln des Flusses. Begebt euch dann zum fließenden Wasser, und dort in den Armen des Wasserengels stattet Dank dem lebendigen Gott ab, daß er euch von euren Sünden befreit hat. Und diese heilige Taufe durch den Engel des Wassers ist: Wiedergeburt zu einem neuen Leben. Denn eure Augen werden dann sehen, und eure Ohren werden hören. Darum sündigt nicht mehr nach der Taufe, so daß die Engel der Luft und des Wassers ewig in euch wohnen und euch für immer dienen werden.

Und wenn danach etwas von euren vergangenen Sünden und Unreinheiten übrigbleibt, sucht den Engel der Sonne. Nehmt eure Schuhe ab und eure Kleidung und laßt den Engel des Sonnenlichts euren ganzen Körper umarmen. Dann atmet lang und tief, damit der Engel der Sonne in euch hineingelangen kann. Und der Engel der Sonne wird alle stinkenden und unreinen Dinge hinaustreiben, die ihn innen wie außen verschmutzen. Und alle stinkenden und unreinen Dinge werden von euch weichen, wie auch die Dunkelheit der Nacht vor der Helligkeit der aufgehenden Sonne schwindet. Denn wahrlich, ich sage euch, heilig ist der Engel der Sonne, der alle Unreinheiten säubert und Gestank in süße Düfte umwandelt. Niemand kann vor das Anlitz Gottes treten, den der Engel der Sonne nicht vorbei läßt. Wahrlich, alle müssen von der Sonne und der Wahrheit wiedergeboren werden, denn euer Körper wärmt sich im Sonnenlicht der Erdenmutter und euer Geist wärmt sich im Sonnenlicht der Wahrheit des Himmelsvaters.

Die Engel der Luft und des Wassers und des Sonnenlichts sind Brüder. Sie wurden dem Menschensohn gegeben, um ihm zu dienen, und damit er immer von einem zum anderen gehen kann.

Genauso heilig ist ihre Umarmung. Sie sind unteilbare Kinder der Erdenmutter, und darum entzweit jene nicht, die Erde und Himmel gemacht hat. Laßt euch von diesen drei Engelsbrüdern jeden Tag einhüllen und laßt sie das ganze Fasten hindurch bei euch bleiben.

Denn wahrlich, ich sage euch, die Macht der Teufel, alle Sünden und Unreinheiten werden hastig den Körper verlassen, den diese drei Engel umarmen. So wie

Diebe aus einem verlassenen Haus fliehen, wenn der Herr des Hauses kommt; einer durch die Tür, einer durch das Fenster und der dritte übers Dach, jeder da, wo er sich aufhält und wie er kann, genauso werden alle Teufel des Übels, alle vergangenen Sünden und alle Unreinheiten und Krankheiten entfliehen, die den Tempel eures Körpers verschmutzen. Wenn die Engel der Erdenmutter euren Körper betreten, in der Weise, daß sie ihn als Herrn des Tempels wieder in Besitz nehmen, dann werden alle üblen Gerüche hastig mit eurem Atem und durch eure Haut weichen, das verschmutzte Wasser durch euren Mund und durch eure Haut, durch eure hinteren und eure intimen Teile. Und alle diese Dinge werdet ihr mit euren Augen sehen und mit eurer Nase riechen und mit euren Händen anfassen können. Und wenn alle Sünden und Unreinheiten euren Körper verlassen haben, wird euer Blut so rein wie das Blut eurer Erdenmutter werden und wie das Schäumen des Flusses im Sonnenlicht.

Und euer Atem wird so rein werden wie der Atem der duftenden Blumen, euer Fleisch so rein wie das Fleisch der Früchte, die unter dem Laub der Bäume reifen, das Licht eurer Augen so klar und hell wie der Glanz der Sonne am blauen Himmel. Und jetzt werden die Engel der Erdenmutter euch dienen. Und euer Atem, euer Blut und euer Fleisch werden mit dem Atem, dem Blut und dem Fleisch der Erdenmutter eins sein, daß euer Geist auch mit dem Geist eures Himmelsvaters eins werden kann.

Denn wahrlich, niemand kann den Himmlischen Vater erreichen als durch die Erdenmutter. Auch ein neugeborenes Kind kann die Lehren seines Vaters nicht verstehen, bis seine Mutter es gesäugt, gebadet, gepflegt, schlafen gelegt und aufgezogen hat. Wenn das Kind noch klein ist, ist sein Platz bei der Mutter, und es muß seiner Mutter gehorchen. Wenn das Kind aufgewachsen ist, nimmt sein Vater es an seine Seite ins Feld zur Arbeit, und das Kind kommt nur zu seiner Mutter zurück, wenn die Zeit des Mittagessens und Abendbrots gekommen ist. Und nun lehrt es sein Vater, damit es in den Arbeiten seines Vaters geübt wird. Und wenn der Vater sieht, daß sein Sohn seine Lehren versteht und seine Arbeit gut ausführt, gibt er ihm all seinen Besitz, damit er seinem geliebten Sohn gehört und sein Sohn die Arbeit des Vaters weiterführt. Wahrlich, ich sage euch, glücklich ist der Sohn, der den Rat seiner Mutter annimmt und danach handelt. Um einhundert Mal glücklicher ist der Sohn, der den Rat seines Vaters annimmt und danach handelt, denn es wurde euch gesagt: ‹Ehre deinen Vater und deine Mutter, daß deine Tage auf Erden lang werden.› Aber ich sage euch, Menschensöhne: Ehret euere Erdenmutter und haltet ihre Gesetze, damit eure Tage auf dieser Erde lang sein werden, und ehret euren Himmelsvater, damit ihr ewiges Leben in den Himmeln haben werdet. Denn der Himmelsvater ist hundert Mal größer als alle irdischen Väter, und die Erdenmutter ist größer als alle leiblichen Mütter. Und der Menschensohn wird von dem Himmelsvater und der Erdenmutter mehr geliebt als die Kinder von ihren irdischen Vätern und Müttern. Und die Worte und Gesetze eures Himmelsvaters und eurer Erdenmutter sind weiser als die Worte und der Wille aller irdischen Väter und Mütter. Und wertvoller ist auch die Erbschaft eures Himmelsvaters und eurer Erdenmutter, das immerwährende Königreich des Erden- und Himmelslebens, als alle Erbschaften eurer irdischen Väter und Mütter.

Und eure wahren Brüder sind all jene, die den Willen eures Himmelsvaters und eurer Erdenmutter tun, und nicht eure leiblichen Brüder. Wahrlich, ich sage euch, daß eure wahren Brüder im Willen des Himmelsvaters und der Erdenmutter euch tausend Mal mehr lieben werden als eure leiblichen Brüder. Denn seit den Tagen von Kain und Abel, als die leiblichen Brüder den Willen Gottes verletzten, gibt es keine wahre Blutsbrüderschaft mehr. Und Brüder tun ihren Brüdern das gleiche an wie Fremde. Darum sage ich euch, liebt eure wahren Brüder im Willen Gottes tausend Mal mehr als eure Blutsbrüder.

Denn euer Himmelsvater ist Liebe.
Denn eure Erdenmutter ist Liebe.
Denn der Menschensohn ist Liebe.

Durch Liebe werden der Himmelsvater und die Erdenmutter und der Menschensohn eins. Denn der Geist des Menschensohns wurde aus dem Geist des Himmelsvaters geschaffen, und sein Körper aus dem Körper der Erdenmutter. Werdet darum vollkommen, wie der Geist eures Himmelsvaters und der Körper eurer Erdenmutter vollkommen sind. Und so liebt euren Himmelsvater, wie er euren Geist liebt. Und so liebt eure Erdenmutter, wie sie euren Körper liebt. Und so liebt eure wahren Brüder, so wie euer Himmelsvater und eure Erdenmutter sie lieben. Und dann wird euch euer Himmelsvater seinen heiligen Körper geben. Und dann werden die Menschensöhne sich wie wahre Brüder lieben mit der Liebe, die sie von ihrem Himmelsvater und ihrer Erdenmutter erhielten, und sie werden einander trösten. Und dann wird von der Erde alles Übel und alle Traurigkeit verschwinden, und es wird Liebe und Freude auf Erden geben. Und dann wird die Erde wie der Himmel sein, und das Königreich Gottes wird kommen. Und dann wird der Menschensohn in all seiner Herrlichkeit kommen, um das Reich Gottes zu erben. Und die Menschensöhne werden ihre göttliche Erbschaft teilen, das Königreich Gottes. Denn die Menschensöhne leben im Himmelsvater und in der Erdenmutter, und der Himmelsvater und die Erdenmutter leben in ihnen. Und mit dem Reich Gottes wird das Ende der Zeiten kommen; denn die Liebe des Himmelsvaters gibt sich allem Leben im Reiche Gottes immerdar. Denn Liebe ist ewig. Liebe ist stärker als der Tod.

Wenn ich mit den Zungen der Menschen und Engel rede, aber keine Liebe habe, klinge ich wie Blech oder eine scheppernde Zimbel; wenn ich Kommendes voraussagen kann und alle Geheimnisse kenne und alle Weisheit, auch wenn ich so einen starken Glaube habe wie der Sturm, der Berge versetzen kann, aber keine Liebe habe, bin ich nichts. Und wenn ich alle meine Güter hergebe, um die Armen zu ernähren, und all mein Feuer, das ich von meinem Vater erhalten habe, aber keine Liebe habe, nützt es mir nichts. Liebe ist geduldig, Liebe ist gütig. Liebe ist nicht neidisch, schafft nichts Böses, kennt keinen Stolz; sie ist weder grob noch selbstsüchtig, bleibt gegenüber Ärger gelassen und stellt sich kein Unheil vor, fällt nicht in Ungerechtigkeit, sondern erfreut sich der Gerechtigkeit. Liebe verteidigt alles, Liebe hofft alles. Liebe erträgt alles; sie erschöpft sich nie; doch Worte allein werden vergehen, und Wissen wird verschwinden. Denn wir haben nur teilweise Wahrheit und teilweise Irrtum, doch wenn die Fülle der Vollkommenheit gekommen ist, wird alles Unvollkommene ausgelöscht. Im Kindesalter sprach ein Mensch wie ein Kind, verstand wie ein Kind, dachte wie ein Kind; aber als Erwachsener legte er die kindlichen Dinge ab; aber noch sehen wir durch trübes Glas und durch dunkle Worte. Noch haben wir nur Teilwissen, aber sind wir vor Gottes Gesicht gekommen, werden wir kein Teilwissen mehr haben, sondern ein Wissen, wie er es uns lehrt. Und nun verbleiben diese drei: Glaube, Hoffnung und Liebe; aber das größte davon ist die Liebe.

Und nun spreche ich zu euch mit der lebendigen Sprache des lebendigen Gottes, durch den heiligen Geist unseres Himmlischen Vaters. Es gibt noch niemanden unter euch, der alles, was ich sage, verstehen kann. Einer, der euch die Schriften auslegt, spricht mit einer toten Sprache toter Menschen zu euch, durch seinen kranken und sterblichen Körper. Ihn können deshalb alle Menschen verstehen, denn alle Menschen sind krank, und alle sind des Todes. Keiner sieht das Licht des Lebens. Blinde Menschen führen blind auf die dunklen Pfade der Sünden, Krankheiten und Leiden; und zuletzt fallen alle in die Todesgrube.

Ich bin vom Vater gesandt, damit ich das Licht des Lebens vor euch erscheinen lasse. Das Licht entzündet sich selbst und erleuchtet die Dunkelheit, aber die Dunkelheit kennt nur sich selbst und kennt das Licht nicht. Ich habe euch noch viele Dinge zu sagen, aber ihr könnt sie noch nicht ertragen. Denn eure Augen sind an die Dunkelheit gewöhnt, und das ganze Licht des Himmelsvaters würde euch erblinden lassen. Darum könnt ihr das noch nicht verstehen, was ich euch über den Himmelsvater, der mich zu euch sandte, sage. Folgt deshalb zuerst nur den Gesetzen eurer Erdenmutter, von der ich sprach. Und wenn ihre Engel eure Körper gereinigt und erneuert und eure Augen gestärkt haben, werdet ihr fähig sein, das Licht unseres Himmlischen Vaters zu ertragen. Wenn ihr mit unbeweglichen Augen in die Helligkeit der Mittagssonne starren könnt, dann könnt ihr in das blendende Licht eures Himmlischen Vaters schauen, das tausend Mal heller ist als die Helligkeit von tausend Sonnen. Aber wie könnt ihr in das blendende Licht eures Himmelsvaters schauen, wenn ihr noch nicht einmal den Glanz der leuchtenden Sonne ertragen könnt? Glaubt mir, die Sonne ist wie die Flamme einer Kerze neben der Sonne der Wahrheit des Himmlischen Vaters. Darum habt nichts als Glaube, Hoffnung und Liebe. Wahrlich, ich sage euch, die Belohnung wird nicht ausbleiben. Wenn ihr meine Worte glaubt, glaubt ihr an den, der mich schickte, der Herr von allem ist und dem alle Dinge möglich sind. Was auch für Menschen unmöglich ist, für Gott sind all diese Dinge möglich. Wenn ihr an die Engel der Erdenmutter glaubt und ihre Gesetze befolgt, wird euch euer Glaube stützen, und ihr werdet nie Krankheit kennenlernen. Habt auch Hoffnung in die Liebe unseres Himmelsvaters, denn wer ihm vertraut, wird nie betrogen werden, noch wird er je den Tod sehen.

Liebet einander, denn Gott ist Liebe, und so werden seine Engel vor euer Angesicht treten und euch dienen. Und Satan mit all seinen Sünden, Krankheiten und Unreinheiten wird aus eurem Körper hinausfahren. Geht, meidet eure Sünden, tut Buße; tauft euch, auf daß ihr wiedergeboren werdet und nicht mehr sündigt.»

Dann erhob sich Jesus. Aber alle anderen blieben sitzen, denn jedermann fühlte die Macht seiner Worte. Und dann erschien der volle Mond zwischen den aufbrechenden Wolken und hüllte Jesus in seine Helligkeit ein. Und Funken sprühten aus seinem Haar, und er stand unter ihnen im Mondlicht, als ob er in der Luft schwebte. Und kein Mann bewegte sich, noch hörte man die Stimme von irgendjemandem. Und niemand wußte, wieviel Zeit vorübergegangen war, denn die Zeit stand still. Dann streckte Jesus seine Hand nach ihnen aus und sagte: «Friede sei mit euch». Dann verließ er die Menge wie ein Windhauch, der das Grün der Bäume bewegt.

Und für eine Weile saß die Versammlung noch still und erwachte dann aus ihrem Schweigen, einer nach dem anderen, wie von einem langen Traum. Aber keiner wollte gehen, als ob die Worte desjenigen, der sie verlassen hatte, immer noch in ihren Ohren klangen. Und sie saßen, als ob sie einer wundersamen Musik lauschten. Aber schließlich, als es etwas bedrückend wurde, sagte einer: «Wie gut ist es, hier zu sein.» Ein anderer: «Würde diese Nacht nur ewig andauern!» Und andere: «Würde er nur immer bei uns sein.» «Es ist die Wahrheit, daß er der Botschafter Gottes ist, denn er pflanzte Hoffnung in unsere Herzen.» Und keiner wollte nach Hause gehen, mit der Begründung: «Ich gehe nicht nach Hause, weil alles dunkel und freudlos ist. Warum sollten wir nach Hause gehen, wo uns niemand liebt?»

Und sie sprachen auf diese Weise weiter, denn sie waren beinahe alle arm, lahm, blind, verkrüppelt, Bettler, Heimatlose, in ihrem Elend verachtet, und wurden nur des Mitleids wegen in den Häusern ertragen, wo sie für ein paar Tage Unterkunft gefunden hatten. Sogar Gesicherte, die beides, Heim und Familie, hatten, sagten: «Wir wollen auch bei euch bleiben.» Denn jeder Mann fühlte, daß die Worte dessen, der gegangen war, die kleine Versammlung mit unsichtbaren Fäden verknüpft hatte. Und alle fühlten, daß sie wiedergeboren seien. Sie sahen eine leuchtende Welt vor sich, auch wenn der Mond hinter den Wolken versteckt war. Und in all ihren Herzen erblühte eine wundersame Blume von wundersamer Schönheit, die Blume der Freude.

Und als die hellen Sonnenstrahlen über dem Horizont erschienen, fühlten sie alle, daß es die Sonne des kommenden Reiches Gottes war. Mit freudigen Mienen brachen sie auf, um Gottes Engel zu begegnen.

Und viele Unreine und Kranke folgten den Worten Jesu und suchten die Ufer der murmelnden Ströme auf. Sie zogen ihre Schuhe und ihre Kleidung aus, sie fasteten, und sie gaben ihre Körper den Engeln der Luft, des Wassers und des Sonnenscheins hin. Und die Engel der Erdenmutter umarmten sie und nahmen ihre Körper innerlich und äußerlich in Besitz. Und alle sahen sämtliche Übel, Sünden und Unreinheiten schnell von sich scheiden.

Und der Atem einiger wurde so stinkend wie das, was die Eingeweide ausscheiden, und einige erbrachen, und übelriechender Auswurf stieg aus ihren inneren Teilen auf. All diese Unreinheiten flossen durch ihren Mund, bei einigen durch die Nase, bei anderen durch die Augen und Ohren. Und bei vielen kam ein widerlicher und abscheulicher Schweiß überall aus dem Körper, über die ganze Haut. Und an vielen Gliedern brachen große Eiterbeutel auf, aus denen Unreinheiten mit einem üblen Geruch herauskamen, und Urin floß reichlich aus ihrem Körper. Und in vielen war der Urin ausgetrocknet und wurde dick wie Bienenhonig; bei anderen war er beinahe rot oder schwarz und beinahe so hart wie der Sand der Flüsse. Und viele spien stinkende Fürze aus ihren Eingeweiden wie der Atem des Teufels. Und ihr Gestank wurde so groß, daß niemand es ertragen konnte.

Und als sie sich tauften, betrat der Engel des Wassers ihre Körper, und all die Abscheulichkeiten und Unreinheiten ihrer vergangenen Sünden flossen hinaus, und wie ein fallender Bergfluß ergoß sich aus ihren Körpern eine Menge harter und weicher Abscheulichkeiten. Und der Boden, in den ihre Wasser flossen, war verschmutzt, und der Gestank wurde so groß, daß niemand dort bleiben konnte. Und die Teufel verließen ihre Eingeweide in Form zahlreicher Würmer, die sich im Schleim ihrer inneren Unreinheiten krümmten. Und sie krümmten sich in kraftloser Wut, nachdem der Engel des Wassers sie aus den Eingeweiden der Menschensöhne vertrieben hatte. Und dann senkte sich die Macht des Engels des Sonnenscheins auf sie herab und sie verreckten dort in verzweifelten Krümmungen, vom Engel des Sonnenscheins zertreten. Und alle zitterten vor Schreck, als sie auf all diese Abscheulichkeiten des Satans schauten, vor denen die Engel sie errettet hatten. Und sie dankten Gott, der seine Engel zu ihrer Befreiung gesandt hatte.

Und es gab einige, die waren von großen Schmerzen gefoltert, die nicht aus ihnen weichen wollten; und da sie nicht wußten, was sie tun sollten, entschieden sie, jemand zu Jesus zu schicken, denn sie wünschten sehr, daß er mit ihnen sei.

Und als zwei auf die Suche nach ihm gegangen waren, sahen sie Jesus selbst das Flußufer entlangkommen. Und ihre Herzen waren mit Hoffnung und Freude erfüllt, als sie seinen Gruß, «Friede sei mit euch», hörten. Und es gab viele Fragen, die sie ihm stellen wollten, aber zu ihrer Verwunderung konnten sie nicht damit beginnen, denn es kam nichts in ihre Köpfe. Dann sagte Jesus zu ihnen: «Ich kam, weil ihr mich braucht.» Und einer schrie: «Meister, wir brauchen dich wirklich, komm, befreie uns von unseren Schmerzen.»

Und Jesus sprach in Gleichnissen zu ihnen: «Ihr seid wie der verlorene Sohn, der viele Jahre lang aß und trank und seine Tage in Liederlichkeit und Wollust mit seinen Freunden verbrachte. Und jede Woche machte er neue Schulden ohne das Wissen seines Vaters und verschwendete alles in ein paar Tagen. Und die Geldleiher liehen ihm immer wieder etwas, weil sein Vater große Reichtümer besaß und immer geduldig die Schulden seines Sohnes bezahlte. Und vergebens ermahnte er mit guten Worten seinen Sohn; doch der hörte nie auf die Ermahnungen seines Vaters, der ihn vergebens anflehte, seine endlosen Ausschweifungen aufzugeben, und in seine Felder zu gehen, um über die Arbeit seiner Diener zu wachen. Und der Sohn versprach ihm immer alles, wenn er seine alten Schulden bezahlen würde, aber am nächsten Tag begann er von vorn. Und mehr als sieben Jahre führte der Sohn sein liederliches Leben weiter. Doch zuletzt verlor sein Vater die Geduld und bezahlte den Geldleihern die Schulden seines Sohnes nicht mehr. ‹Wenn ich immer weiter bezahle›, sagte er, ‹wird es kein Ende der Sünden meines Sohnes geben.› Dann nahmen die betrogenen Geldleiher in ihrem Zorn den Sohn in die Sklaverei, damit er durch seine tägliche Plackerei das Geld zurückzahlen könnte, das sie ihm geliehen hatten. Und da hörten das Essen und Trinken und die täglichen Ausschweifungen auf. Vom Morgen bis in die Nacht bewässerte er im Schweiße seines Angesichts die Felder, und alle seine Glieder schmerzten durch die ungewohnte Arbeit. Und er lebte von trockenem Brot und hatte nichts außer seinen Tränen, mit denen er es befeuchten konnte. Und nach drei Tagen litt er so stark unter der Hitze und Ermüdung, daß er seinem Herrn sagte: ‹Ich kann nicht mehr arbeiten, denn alle meine Glieder schmerzen. Wie lange wollt ihr mich foltern?› ‹Bis zu dem Tag, an dem durch die Arbeit deiner Hände deine Schulden abgetragen sind, und wenn sieben Jahre vorüber sind, wirst du frei sein!› Und der verzweifelte Sohn antwortete weinend: ‹Aber ich kann nicht einmal sieben Tage ertragen. Hab' Mitleid mit mir, denn alle meine Glieder brennen und schmerzen.› Und der boshafte Geldgeber schrie ihn an: ‹Treibe deine Arbeit voran; wenn du sieben Jahre lang deine Tage und Nächte in Liederlichkeit verbringen konntest, mußt du nun sieben Jahre arbeiten. Ich werde dir nicht vergeben, bis du all deine Schulden bis zur letzten Drachme zurückgezahlt hast.› Und der Sohn lief mit quälenden Schmerzen verzweifelt in die Felder zurück, um weiterzuarbeiten. Schon konnte er vor Müdigkeit und Schmerzen kaum noch auf seinen Füßen stehen, als der siebte Tag gekommen war, der Sabbath, an dem niemand auf den Feldern arbeitet. Da sammelte der Sohn seine letzten Kräfte und taumelte zum Haus seines Vaters. Und er warf sich zu seines Vaters Füßen und sagte: ‹Vater, glaube mir ein letztes Mal und vergib mir all meine Beleidigungen gegen dich. Ich schwöre dir, daß ich nie wieder so liederlich leben will und daß ich dein gehorsamer Sohn in allen Dingen sein werden. Befreie mich aus den Händen meiner Unterdrücker. Vater, schau mich an und meine kranken Glieder und verhärte nicht dein Herz.› Da kamen Tränen in die Augen des Vaters, und er nahm seinen Sohn in die Arme und sagte: ‹Laßt uns feiern, denn heute wurde mir eine große Freude gegeben, weil ich meinen geliebten Sohn, der verloren war, wiedergefunden habe.› Und er kleidete ihn in seine auserlesensten Gewänder, und den ganzen Tag lang feierten sie. Und am Morgen des nächsten Tages gab er seinem Sohn eine Tasche mit Silber, um die Schulden an seinen Geldgeber zu zahlen. Und als sein Sohn zurückkam, sagte er: ‹Mein Sohn, du siehst, es ist leicht, durch liederliches Leben für sieben Jahre Schulden zu machen, aber ihre Bezahlung mit sieben Jahre langer, harter Arbeit ist schwierig.› ‹Vater, es ist tatsächlich hart, sie zu bezahlen, auch nur sieben Tage lang.› Und sein Vater ermahnte ihn und sagte: ‹Dieses eine Mal wurde dir erlaubt, deine Schulden in sieben Tagen anstatt in sieben Jahren zurückzuzahlen, der Rest ist dir vergeben. Aber sieh dich vor, daß du zukünftig keine neuen Schulden mehr machst. Denn wahrlich, ich sage dir, niemand außer deinem Vater vergibt dir deine Schulden, weil du sein Sohn bist. Denn bei jedem anderen hättest du sieben jahre lang schwer arbeiten müssen, wie es unsere Gesetze fordern.›

‹Mein Vater, ich will in Zukunft dein liebender und gehorsamer Sohn sein, und will keine Schulden mehr machen, denn nun weiß ich, daß ihre Bezahlung hart ist.›

Und er ging auf die Felder seines Vaters und überwachte jeden Tag die Arbeiter seines Vaters bei ihrer Arbeit. Und er zwang seine Arbeiter nie zu harter Arbeit, denn er erinnerte sich an seine eigene schwere Arbeit. Und die Jahre gingen vorüber, und der Besitz seines Vaters nahm immer mehr unter seinen Händen zu, denn der Segen seines Vaters war auf seiner Arbeit. Und langsam gab er zehnmal soviel zurück, wie er in den sieben Jahren verschwendet hatte. Und als sein Vater sah, daß sein Sohn seine Diener gut behandelte und seinen Besitz mit Sorgfalt führte, sagte er zu ihm: ‹Mein Sohn, ich sehe, daß mein Besitz in guten Händen ist. Ich gebe dir all mein Vieh, mein Haus, meine Ländereien und meine Schätze. Laß dies alles deine Erbschaft sein und setze ihr Wachstum fort, damit ich mich an dir erfreuen kann.› Und als der Sohn seine Erbschaft von seinem Vater erhalten hatte, erließ er allen Schuldnern, die nicht zahlen konnten, ihre Schulden, denn er hatte nicht vergessen, daß seine Schulden ihm auch erlassen worden waren, als er nicht zahlen konnte. Und Gott segnete ihn mit einem langen Leben, mit vielen Kindern und vielen Reichtümern, weil er freundlich zu allen seinen Dienern war und sein Vieh gut behandelte.»

Dann wandte sich Jesus an das kranke Volk und sagte: «Ich spreche in Gleichnissen zu euch, damit ihr Gottes Wort besser verstehen könnt. Die sieben Jahre des Essens und Trinkens und des liederlichen Lebens sind die Sünden der Vergangenheit. Der boshafte Kreditgeber ist der Satan. Die Schulden sind die Krankheiten. Die harte Arbeit sind die Schmerzen. Der verlorene Sohn sind wir. Die Zahlung der Schulden ist die Austreibung der Teufel und Krankheiten und die Heilung eures Körpers. Die Tasche voll Silber, die er vom Vater erhält, ist die befreiende Macht der Engel. Der Vater ist Gott. Des Vaters Besitztümer sind Erde und Himmel; die Diener des Vaters sind die Engel. Das Feld des Vaters ist die Welt, die sich in das Königreich des Himmels verwandelt, wenn die Menschensöhne darauf zusammen mit den Engeln des Himmelsvaters arbeiten. Denn ich sage euch, es ist besser, daß der Sohn dem Vater gehorcht und über die Diener auf dem Felde wacht, als Schuldner des boshaften Kreditgebers zu werden und sich als Sklave zu schinden und zu plagen, um seine Schulden zurückzuzahlen. Gleichfalls ist es besser, wenn die Menschensöhne auch den Gesetzen ihres

Himmelsvaters gehorchen und zusammen mit seinen Engeln an seinem Königreich arbeiten, als daß sie Schuldner des Satans werden, des Herrn des Todes, aller Sünden und aller Krankheiten, und daß sie Schmerzen leiden und schwitzen müssen, bis sie all ihre Sünden abgetragen haben. Wahrlich, ich sage euch, groß und vielfältig sind eure Sünden. Viele Jahre habt ihr den Verlockungen des Satans nachgegeben. Ihr ward gefräßig, versoffen und habt gehurt, und eure alten Schulden vervielfältigten sich. Und nun müßt ihr sie zurückbezahlen, und die Zahlung ist schwierig und hart. Seid darum nicht schon nach dem dritten Tage ungeduldig, wie der verlorene Sohn, sondern geduldig bis zum siebten Tag, der von Gott geheiligt ist, und tretet dann mit einem demütigen und gehorsamen Herz vor das Antlitz eures Himmlischen Vaters, daß er euch all eure alten Schulden vergibt. Wahrlich, ich sage euch, euer Himmelsvater liebt euch ohne Ende, denn er erlaubt euch, in sieben Tagen eure Schulden von sieben Jahren zurückzuzahlen. Jenen, die für sieben Jahre Sünden und Krankheiten schulden, aber ehrlich bezahlen und bis zum siebten Tag durchhalten, wird unser Himmelsvater die Schulden aller sieben Jahre vergeben.»

«Wenn wir sieben mal sieben Jahre sündigen?» fragte ein kranker Mann, der schrecklich litt. «Auch in diesem Fall vergibt der Himmlische Vater all deine Schulden in sieben mal sieben Tagen.

Glückliche jene, die bis zum Ende durchhalten, denn die Teufel des Satans schreiben all eure üblen Taten in ein Buch, in das Buch eures Körpers und eures Geistes. Ich sage euch wahrlich, es gibt keine sündhafte Tat, die nicht schon seit dem Anfang der Welt vor eurem Himmlischen Vater geschrieben steht. Denn ihr könnt den Gesetzen, die von Königen gemacht sind, ausweichen, doch den Gesetzen Gottes kann keiner der Menschen entgehen. Und wenn ihr vor das Antlitz Gottes kommen werdet, bezeugen die Teufel des Satans eure Taten, und Gott sieht eure Sünden in das Buch eures Körpers und eures Geistes geschrieben und ist traurig in seinem Herzen. Aber wenn ihr eure Sünden bereut, und durch Fasten und Gebet die Engel Gottes aufsucht, dann werden für jeden weiteren Tag, an dem ihr fastet und betet, Gottes Engel ein Jahr eurer üblen Taten aus dem Buch eures Körpers und eures Geistes löschen. Und wenn auch die letzte Seite ausgelöscht und von all euren Sünden gereinigt ist, steht ihr vor dem Angesicht Gottes, und Gott freut sich von Herzen und vergißt all eure Sünden. Er befreit euch aus den Klauen des Satans und vom Leiden; er nimmt euch in sein Haus und befiehlt, daß all seine Diener, all seine Engel euch dienen. Ein langes Leben wird er euch geben, und ihr werdet nie Krankheiten sehen. Und wenn ihr von da an, anstatt zu sündigen, eure Tage mit guten Taten vollbringt, dann werden die Engel Gottes all eure guten Taten in das Buch eures Körpers und eures Geistes schreiben. Wahrlich, ich sage euch, seit dem Anfang der Welt bleibt keine gute Tat ungeschrieben vor Gott. Denn von euren Königen und Regierungen werdet ihr vielleicht vergeblich auf eine Belohnung warten, aber niemals werden eure guten Taten eine Belohnung von Gott erwarten.

Und wenn ihr vor das Angesicht Gottes kommt, werden seine Engel für eure guten Taten zeugen. Und Gott sieht eure guten Taten in euren Körpern und euren Geistern geschrieben, und er freut sich von Herzen. Er segnet euren Körper und euren Geist und all eure Taten und gibt euch als Erbschaft die Erde und das Himmelreich, damit ihr in ihnen ein ewiges Leben haben werdet. Glücklich der, der das Reich Gottes betreten kann, denn er wird nie den Tod sehen.»

Und ein großes Schweigen folgte seinen Worten. Und jene, die entmutigt gewesen waren, schöpften neue Kraft aus seinen Worten und setzten ihr Fasten und Beten fort. Und der, der zuerst gesprochen hatte, sagte zu ihm:

«Ich will bis zum siebten Tag durchhalten.» Und der zweite ebenso: «Ich will auch für sieben mal sieben Tage aushalten.» Jesus antwortete ihnen: «Glücklich sind jene, die bis zum Ende aushalten, denn sie werden die Erde erben.» Und es gab viele Kranke unter ihnen, von qualvollen Schmerzen gefoltert, die kaum bis zu Jesu Füßen kriechen konnten. Denn sie konnten nicht mehr auf ihren Füßen gehen. Sie sagten: «Meister, wir werden grausam von Schmerzen geplagt, sag uns, was wir tun sollen.» Und sie zeigten Jesus die Füße, in denen die Knochen verdreht und verknotet waren und sagten: «Weder die Engel der Luft, noch die des Wassers, noch die des Sonnenscheins konnten unsere Schmerzen lindern, obwohl wir uns taufen ließen, fasteten, beteten und deinen Worten in allen Dingen folgten.»

«Wahrlich, ich sage euch, eure Knoten werden geheilt werden! Seid nicht entmutigt, sondern sucht zur Heilung den Heiler der Knochen, den Engel der Erde. Denn von dort stammen eure Knochen, und dahin werden sie zurückkehren.»

Und er zeigte mit seiner Hand dahin, wo das fließende Wasser und die Sonnenhitze die Erde am Rande des Wassers zu lehmigem Schlamm erweicht hatten. «Senkt eure Füße in den Schlamm, damit die Umarmung des Engels der Erde aus euren Knochen alle Unreinheit und Krankheit herauszieht. Und ihr werdet den Satan und eure Schmerzen aus der Umarmung des Engels der Erde fliehen sehen. Und die Knoten eurer Knochen werden verschwinden, und sie werden sich wieder strecken und all eure Schmerzen werden vergehen.»

Und die Kranken folgten seinen Worten, denn sie wußten, sie würden geheilt werden. Und es gab noch andere Kranke, die viel an ihren Schmerzen litten, die aber trotzdem weiter fasteten. Und ihre Kraft war verbraucht und große Hitze kam über sie. Und als sie aus ihrem Bett aufgestanden waren, um zu Jesus zu gehen, begannen ihre Köpfe sich zu drehen, als ob ein stürmischer Wind sie schüttelte, und so oft sie versuchten, auf ihren Füßen zu stehen, fielen sie wieder zu Boden. Da ging Jesus zu ihnen und sagte: «Ihr leidet, denn Satan und seine Krankheiten martern eure Körper. Aber fürchtet euch nicht, denn ihre

Macht über euch wird schnell enden. Denn Satan ist wie ein heuchlerischer Nachbar, der seines Nachbarn Haus betrat, als dieser abwesend war, mit der Absicht, dessen Güter in sein eigenes Haus zu nehmen. Aber einige erzählten diesem, daß sein Feind in seinem Haus wütete, und er kam in sein Haus zurück gerannt. Und als der schlechte Nachbar alles zusammengerafft hatte, was ihm gefiel, sah er von weitem den Herrn des Hauses in Eile zurückkommen und war sehr zornig, daß er nicht alles mitnehmen konnte, und ging daran, alles, was da war, zu zerbrechen und zu verwüsten, alles zu zerstören, damit wenigstens die Dinge, die er nicht haben konnte, auch der andere nicht mehr haben sollte. Doch kurz nachdem der Herr des Hauses hereingekommen war, und bevor der bösartige Nachbar seine Absicht ausführen konnte, nahm jener ihn und warf ihn aus dem Haus. Wahrlich, ich sage euch, genauso betrat der Satan eure Körper, welche die Wohnungen Gottes sind. Und er nahm alles in Besitz, was er stehlen wollte: euren Atem, euer Blut, eure Knochen, euer Fleisch, eure Eingeweide, eure Augen und eure Ohren. Aber mit eurem Fasten und Beten habt ihr den Herrn eures Körpers und seine Engel zurückgerufen. Und nun sieht Satan, daß der wahre Herr eures Körpers zurückkehrt und daß dies das Ende seiner Macht ist. Deshalb sammelt er in seinem Zorn seine Stärke noch einmal, damit er den Körper zerstört, bevor der Herr kommt. Darum martert euch Satan so qualvoll, denn er fühlt, daß das Ende gekommen ist. Aber laßt eure Herzen nicht zittern, denn bald werden die Engel Gottes erscheinen, um wieder ihre Wohnstätten zu belegen und sie wieder als Tempel Gottes zu weihen. Und sie werden Satan packen und ihn aus euren Körpern hinauswerfen mit all seinen Krankheiten und all seinen Unreinheiten. Und glücklich werdet ihr sein, denn ihr werdet die Belohnung für eure Standhaftigkeit erhalten, und ihr werdet keine Krankheiten mehr sehen.»

Und es war einer unter den Kranken, der mehr als alle anderen von Satan gefoltert wurde. Sein Körper war ausgedörrt wie ein Skelett, und seine Haut war gelb wie ein verwelktes Blatt. Er war schon so schwach, daß er noch nicht einmal auf seinen Händen zu Jesus herankriechen konnte, und er schrie ihm von weitem zu: «Meister, habe erbarmen mit mir, denn nie hat ein Mensch so viel gelitten wie ich, seit die Welt besteht. Ich weiß, daß du wirklich von Gott gesandt wurdest, und ich weiß, daß du den Satan sofort aus meinem Körper vertreiben kannst, wenn du willst. Gehorchen die Engel Gottes nicht Gottes Botschafter? Komm, Meister, und wirf Satan aus mir hinaus, denn er wütet ärgerlich in mir, und seine Folter ist schlimm.»

Und Jesus antwortete ihm: «Satan quält dich deshalb so stark, weil du schon viele Tage gefastet hast, und ihm kein Tribut zahlst. Du fütterst ihn nicht mit all den Abscheulichkeiten, mit denen du bislang den Tempel deines Geistes beschmutztest. Du quälst den Satan mit Hunger, und deshalb quält er dich in seinem Ärger auch. Fürchte dich nicht, denn ich sage dir, Satan wird zerstört sein, bevor dein Körper zerstört ist, denn während du fastest und betest, beschützen die Engel Gottes deinen Körper, so daß Satans Macht dich nicht zerstören kann. Und der Ärger Satans ist gegenüber den Engeln Gottes kraftlos.»

Dann kamen alle zu Jesus, und mit lauten Schreien flehten sie ihn an: «Meister, habe Mitleid mit ihm, denn er leidet mehr als wir alle, und wenn du Satan nicht sofort aus ihm hinaustreibst, fürchten wir, daß er nicht bis morgen am Leben bleibt.»

Und Jesus antwortete ihnen: «Groß ist euer Glauben. Wenn es nach eurem Glauben geschieht, werdet ihr bald der furchtbaren Erscheinung des Satans gegenüberstehen und die Macht des Menschensohns erleben. Denn ich will den mächtigen Satan mit der Stärke eines unschuldigen Lammes Gottes austreiben, der schwächsten Kreatur des Herrn. Denn der heilige Geist Gottes macht das Schwächste mächtiger als das Stärkste.»

Und Jesus molk ein Mutterschaf, das im Gras äste. Und er goß die Milch auf den Sand, der heiß von der Sonne war, und sagte: «Siehe, die Macht des Engels des Wassers ist in diese Milch eingedrungen. Und nun wird die Macht des Engels der Sonne auch in sie eindringen.»

Und die Milch wurde durch die Kraft der Sonne heiß.

«Und nun sollen der Engel des Wassers und der Engel der Sonne sich mit dem Engel der Luft verbinden.»

Und siehe, der Dampf der heißen Milch stieg langsam in die Luft.

«Komm und atme mit deinem Mund die Kraft des Engels des Wassers, der Sonne und der Luft ein, damit sie in deinen Körper kommt und den Satan aus dir vertreibt.»

Und der kranke Mann, den Satan quälte, atmete den aufsteigenden weißlichen Dampf tief in sich hinein.

«Der Satan wird sofort deinen Körper verlassen, denn seit drei Tagen hungerte er und fand keine Nahrung in dir. Er wird aus dir herauskommen und seinen Hunger mit der heißen, dampfenden Milch stillen, denn diese Nahrung behagt ihm. Er wird ihren Geruch riechen und wird nicht fähig sein, dem Hunger zu widerstehen, der ihn schon drei Tage lang quält. Doch der Menschensohn wird seinen Körper zerstören, damit er niemand anderen mehr quälen kann.»

Dann wurde der Körper des kranken Mannes von Schüttelfrost ergriffen, und er reckte sich, als ob er erbrechen müßte, aber er konnte es nicht. Er schnappte nach Luft, denn sein Atem war ausgegangen. Und er wurde im Schoße Jesu bewußtlos.

«Nun verläßt Satan seinen Körper, schaut!» Und Jesus zeigte auf den offenen Mund des kranken Mannes.

Und dann sahen sie alle mit Erstaunen und Entsetzen, daß Satan in Form eines abscheulichen Wurms aus seinem Mund kam, geradewegs auf die dampfende Milch zu. Dann nahm Jesus zwei spitze Steine in seine Hände und zerquetschte den Kopf Satans und zog aus dem kranken Mann den ganzen Körper des Scheusals, das beinahe so lang war wie der Mann. Als der abscheuliche Wurm aus der Kehle des kranken Mannes kam, konnte dieser sofort wieder atmen, und all seine Schmerzen hörten auf. Und die anderen schauten mit Schrecken auf den abscheulichen Körper Satans.

«Siehe, was für ein abscheuliches Biest du viele Jahre in deinem Körper mit dir herumgetragen und ernährt hast. Ich trieb es heraus und tötete es, daß es dich nie wieder quält. Danke Gott, daß seine Engel dich befreiten und sündige nicht mehr, wenn Satan nicht mehr in dich zurückkehren soll. Laß deinen Körper von nun an einen Tempel sein, der deinem Gott geweiht ist.»

Und sie waren alle erstaunt über seine Worte und seine Macht. Und sie sagten: «Meister, du bist tatsächlich Gottes Botschafter und kennst alle Geheimnisse.»

«Und ihr», antwortete Jesus, «sollt wahre Söhne Gottes sein, damit ihr auch an seiner Macht teilhaben könnt und an seinem Wissen und allen Geheimnissen. Denn Weisheit und Macht können nur aus der Liebe Gottes kommen. Liebt darum euren Himmelsvater und eure Erdenmutter mit eurem ganzen Herzen und mit eurem ganzen Geiste. Und dient ihnen, daß ihre Engel euch auch dienen. Laßt alle eure Taten ein Opfer für Gott sein. Und füttert den Satan nicht, denn der Lohn der Sünde ist der Tod. Aber bei Gott liegt die Belohnung des Guten, seine Liebe, die das Wissen und die Macht des ewigen Lebens ist.»

Und alle knieten nieder und dankten Gott für seine Liebe.

Und Jesus verließ sie und sagte: «Ich werde zu allen

wiederkommen, die in Gebet und Fasten bis zum siebten Tag aushalten. Friede sei mit euch.»

Und der kranke Mann, dem Jesus den Satan ausgetrieben hatte, stand auf, denn die Lebenskraft war wieder in ihn zurückgekehrt. Er atmete tief aus, und seine Augen wurden klar, denn jeder Schmerz hatte ihn verlassen. Und er warf sich auf den Boden, wo Jesus gestanden hatte, und küßte seinen Fußabdruck und weinte.

Und es war am Bett eines Stromes, wo viele Kranke mit Gottes Engeln sieben Tage und Nächte lang fasteten und beteten. Und groß war ihr Lohn, weil sie den Worten Jesu folgten. Und nachdem der siebte Tag vorüber war, hatten alle Schmerzen sie verlassen. Und als die Sonne über dem Horizont aufstieg, sahen sie Jesus vom Berg her auf sie zukommen, mit der Helligkeit der aufsteigenden Sonne über seinem Kopf.

«Friede sei mit euch.»

Und sie sagten überhaupt kein Wort, sondern warfen sich nur vor ihm nieder und berührten den Saum seines Gewandes zum Zeichen ihrer Heilung.

«Dankt nicht mir, sondern eurer Erdenmutter, die euch ihre heilenden Engel sandte. Geht und sündigt nicht mehr, so daß ihr nie mehr Krankheit sehen werdet. Und laßt die heilenden Engel eure Wächter werden.»

Aber sie antworteten ihm: «Wohin sollen wir gehen, wenn die Worte des ewigen Lebens mit dir sind? Sag uns, welches sind die Sünden, die wir vermeiden sollen, damit wir niemals wieder krank werden?»

Jesus antwortete: «Es geschehe nach eurem Glauben», und setzte sich unter sie und sagte:

«Es wurde ihnen in alter Zeit gesagt: ‹Du sollst deinen Himmelsvater und deine Erdenmutter ehren und ihre Gebote achten, auf daß du lange lebst auf Erden.› Und als nächstes wurde dieses Gebot gegeben: ‹Du sollst nicht töten›, denn Leben wird allen von Gott gegeben, und das, was Gott gegeben hat, darf der Mensch nicht wegnehmen. Denn wahrlich, ich sage euch, von einer Mutter stammt alles, was auf Erden lebt. Darum tötet jeder, der tötet, auch seinen Bruder. Und von ihm wird sich die Erdenmutter abwenden und ihm ihre belebenden Brüste entziehen. Und er wird von ihren Engeln gemieden, und der Satan wird in seinem Körper einziehen. Und das Fleisch geschlachteter Tiere in seinem Körper wird sein eigenes Grab werden. Denn wahrlich, ich sage euch, der, der tötet, tötet sich selbst, und wer vom Fleisch erschlagener Tiere ißt, ißt vom Körper des Todes. Denn in seinem Blut wird jeder Tropfen ihres Blutes sich in Gift verwandeln, in seinem Atem ihr Atem zu Gestank, ihr Fleisch zu Beulen; in seinen Knochen ihre Knochen zu Kalk, in seinen Eingeweiden ihre Eingeweide zum Verfall; in seinen Ohren ihre Ohren zu wachsigem Belag. Und ihr Tod wird sein Tod werden. Denn nur im Dienste eures Himmlischen Vaters werden eure Schulden von sieben Jahren in sieben Tagen vergeben. Doch Satan vergibt euch nichts, und ihr müßt ihm für alles bezahlen. Auge um Auge, Zahn um Zahn, Hand um Hand, Fuß um Fuß, Brennen um Brennen, Wunde um Wunde, Leben um Leben, Tod um Tod. Denn der Lohn der Sünde ist der Tod. Tötet nicht, noch esset das Fleisch eurer unschuldigen Beute, wenn ihr nicht die Sklaven des Satans werden wollt. Denn das ist der Pfad der Leiden, und er führt in den Tod. Sondern tut den Willen Gottes, auf daß seine Engel euch auf eurem Lebensweg dienen. Gehorcht darum den Worten Gottes: ‹Seht, ich habe euch alle Pflanzen der ganzen Erde, die Samen tragen, gegeben, und alle Bäume mit Früchten, die Samen bringen, zu eurer Speise. Und jedem Tier der Erde und jedem Vogel in der Luft und allem Gewürm, das auf der Erde kriecht, das mit dem Atem des Lebens belebt ist, habe ich jedes grüne Kraut zur Nahrung gegeben. Auch die Milch von allem, was sich bewegt und auf der Erde lebt, soll Speise für euch sein, so wie ich die grünen Kräuter ihnen gegeben habe, gebe ich euch ihre Milch. Aber das Fleisch und das Blut, das es belebt, sollt ihr nicht essen. Und gewiß werde ich euer fließendes Blut fordern, euer Blut, worin eure Seele ist; ich werde alle geschlachteten Tiere fordern und die Seelen aller getöteten Menschen.

Denn ich, der Herr, dein Gott, bin ein strenger und eifernder Gott, der die Fehler der Väter nachträgt bis ins dritte und vierte Glied an den Kindern derer, die mich hassen, aber Barmherzigkeit erweist an vielen Tausenden, die mich lieben und meine Gebote halten. Liebe den Herrn deinen Gott mit deinem ganzen Herzen und mit deiner Seele und mit all deiner Stärke: dies ist das erste und größte Gebot. Und das zweite ist ihm ähnlich:

Liebe deinen Nächsten wie dich selbst. Es gibt keine Gebote die größer sind als diese.»

Und nach diesen Worten blieben sie alle schweigend außer einem, der ausrief: «Was soll ich tun, Meister, wenn ich ein wildes Tier meinen Bruder überwältigen sehe? Soll ich meinen Bruder zu Grunde gehen lassen, oder soll ich das wilde Tier töten? Werde ich dann nicht das Gesetz übertreten?»

Und Jesus antwortete: «Es wurde ihnen zu alter Zeit gesagt: ‹Alle Tiere, die auf Erden gehen, alle Fische im Meer und alle Vögel in der Luft sind in eure Macht gegeben.› Wahrlich, ich sage euch, von allen Kreaturen, die auf der Erde leben, schuf Gott nur den Menschen nach seinem Bilde. Deshalb unterstehen Tiere den Menschen und nicht Menschen den Tieren. Ihr übertretet darum nicht das Gesetz, wenn ihr wilde Tiere tötet, um das Leben eures Bruders zu retten. Denn wahrlich, ich sage euch, der Mensch ist mehr als ein Tier. Aber wer ein Tier ohne Grund tötet, obwohl ihn das Tier nicht angreift, nur aus Lust am Töten oder wegen des Fleisches oder des Felles oder wegen der Stoßzähne, übel ist die Tat, die er begeht, denn er verwandelte sich in ein wildes Tier. Deshalb ist sein Ende auch wie das Ende eines wildes Tieres.»

Dann sagte ein anderer: «Moses, der Größte in Israel, erlaubte unseren Vorvätern, das Fleisch von ‹reinen› Tieren zu essen und verbot nur das Fleisch der unreinen Tiere. Warum verbietest du uns das Fleisch aller Tiere? Welches Gesetz ist von Gott? Das von Moses oder dein Gesetz?»

Und Jesus antwortete: «Gott gab euren Vorvätern durch Moses zehn Gebote. ‹Diese zehn Gebote sind schwer›, sagten eure Vorväter und konnten sie nicht halten. Als Moses dies sah, hatte er Mitleid mit den Menschen und wollte sie nicht zugrunde gehen sehen. Und darum gab er ihnen zehn mal zehn Gebote, weniger schwer, daß sie diesen folgen könnten. Wahrlich, ich sage euch, wenn eure Vorväter fähig gewesen wären, die zehn Gebote Gottes zu halten, hätte Moses niemals zehn mal zehn Gebote geben müssen. Denn derjenige, dessen Füße stark sind wie der Berg Zion, braucht keine Krücken. Aber der, dessen Glieder zittern, kommt mit Krücken weiter als ohne sie. Und Moses sagte zum Herrn: ‹Mein Herz ist gefüllt mit Sorge, denn meine Leute sind verloren. Denn sie sind ohne Wissen und nicht fähig, deine Gebote zu verstehen. Sie sind wie kleine Kinder, die noch nicht die Worte ihres Vaters verstehen können. Erlaube mir, Herr, daß ich ihnen andere Gesetze gebe, damit sie nicht untergehen. Wenn sie nicht mit dir sein können, dann laß sie wenigstens nicht gegen dich sein, daß sie sich am Leben erhalten, und wenn die Zeit gekommen ist und sie für deine Worte reif sind, offenbare ihnen deine Gesetze.› Darum zerbrach Moses die zwei Steintafeln, worauf die zehn Gebote geschrieben waren, und gab ihnen statt dessen zehn mal zehn. Und aus diesen zehn mal zehn Geboten machten die Schreiber und Schriftgelehrten hundert mal zehn Gebote. Und sie legten untragbare Bürden auf eure Schultern, die sie selbst nicht tragen. Je näher die Gebote

Gott sind, desto weniger brauchen wir, und je weiter sie von Gott entfernt sind, um so mehr brauchen wir. Deshalb gibt es unzählige Gesetze der Schreiber und Schriftgelehrten; doch es gibt nur sieben Gesetze für den Menschensohn, drei für die Engel, und für Gott nur ein Gesetz.

Darum lehre ich euch nur die Gesetze, die ihr verstehen könnt, damit ihr Menschen werdet und den sieben Gesetzen des Menschensohnes folget. Dann werden die Engel euch auch ihre Gesetze offenbaren, auf daß Gottes heiliger Geist sich auf euch herabsenkt und euch zu seinem Gesetz leitet.»

Und alle waren erstaunt über seine Weisheit und baten ihn: «Fahre fort, Meister, und lehre uns alle die Gesetze, die wir aufnehmen können.»

Und Jesus fuhr fort: «Gott befahl euren Vorvätern: ‹Ihr sollt nicht töten.› Aber ihre Herzen waren verhärtet, und sie töteten. Dann forderte Moses schließlich, sie sollten keine Menschen töten, und duldete, daß sie Tiere töteten. Und dann verhärteten sich die Herzen eurer Vorväter noch mehr, und sie töteten Menschen und Tiere gleichermaßen. Aber ich sage euch: Tötet weder Mensch noch Tier, noch die Nahrung, die euer Mund aufnimmt. Denn wenn ihr lebendige Nahrung eßt, wird sie euch beleben, aber wenn ihr eure Nahrung tötet, wird euch die tote Nahrung ebenfalls töten. Denn Leben kommt nur von Leben, und vom Tod kommt immer nur Tod. Denn alles, was eure Nahrung tötet, tötet auch euren Körper. Und alles, was eure Körper tötet, tötet auch eure Seelen. Und eure Körper werden, was eure Nahrung ist, so wie euer Geist das wird, was eure Gedanken sind. Eßt darum nichts, was Feuer oder Frost oder Wasser zerstört hat. Denn gekochte, gefrorene und verfaulte Nahrung wird euren Körper ebenso verbrennen, erfrieren und verfaulen lassen. Seid nicht wie der dumme Bauer, der auf seinem Feld gekochten, erfrorenen und verfaulten Samen aussäte. Und der Herbst kam, und seine Felder trugen nichts. Und seine Not war groß. Sondern seid wie der Bauer, der lebendige Saat auf seine Felder säte und dessen Felder lebendige Weizenähren trugen, die ihn hundertfältig für den Samen belohnten, den er ausgesät hatte. Denn wahrlich, ich sage euch, lebt nur duch das Feuer des Lebens und bereitet eure Speisen nicht mit dem Feuer des Todes, das eure Nahrung tötet, eure Körper und eure Seelen auch.»

«Herr, wo ist das Feuer des Lebens?» fragten einige von ihnen.

«Und das Feuer des Todes?» fragten andere.

«Es ist das Feuer, das außerhalb eures Körpers brennt, das heißer ist als euer Blut. Mit diesem Feuer des Todes kocht ihr eure Nahrung zu Hause und auf dem Felde. Wahrlich, ich sage euch, es ist das gleiche Feuer, das eure Nahrung und euren Körper zerstört, genauso wie das Feuer der Bosheit, das eure Gedanken verwüstet und euren Geist. Denn euer Körper ist das, was ihr eßt, und euer Geist ist das, was ihr denkt. Eßt deshalb nichts, das ein stärkeres Feuer als das Feuer des Lebens tötete. Deshalb bereitet und eßt alle Früchte der Bäume und alle Gräser des Feldes und alle Milch von Tieren, die genießbar sind. Denn all diese werden vom Feuer des Lebens genährt und gereift, alle sind das Geschenk der Engel unserer Erdenmutter. Aber eßt nichts, dem nur das Feuer des Todes Geschmack gibt, denn das ist von Satan.»

«Wie sollen wir unser tägliches Brot ohne Feuer backen, Meister?» fragten einige mit großem Erstaunen.

«Laßt die Engel Gottes euer Brot bereiten. Näßt euren Weizen, auf daß der Engel des Wassers in ihn eindringen kann. Setzt ihn dann der Luft aus, so daß der Engel der Luft ihn auch umarmen kann. Und laßt ihn von morgens bis abends unter der Sonne, auf daß der Engel der Sonne zu ihm kommen kann. Und der Segen der drei Engel wird bald den Lebenskeim in eurem Weizen sprießen lassen. Dann zerdrückt euer Korn und macht dünne Fladen, wie eure Vorväter es auch machten, als sie Ägypten verließen, das Haus der Sklaverei. Legt die Fladen wieder unter die steigende Sonne, und wenn sie am höchsten am Himmel steht, dreht die Fladen auf die andere Seite, daß sie auch vom Engel der Sonne umarmt werden, und laßt sie liegen, bis die Sonne untergeht. Denn so wie die Engel des Wassers, der Luft und der Sonne den Weizen auf dem Feld nährten und reifen ließen, so müssen sie auch euer Brot bereiten. Und die gleiche Sonne, die mit dem Feuer des Lebens den Weizen wachsen und reifen ließ, muß auch euer Brot mit dem gleichen Feuer backen. Denn das Feuer der Sonne gibt dem Weizen, dem Brot und dem Körper Leben.

Aber das Feuer des Todes tötet den Weizen, das Brot und den Körper. Und die lebendigen Engel des lebendigen Gottes dienen nur lebendigen Menschen. Denn Gott ist der Gott des Lebens, und nicht der Gott des Todes.

So eßt immer vom Tische Gottes: die Früchte der Bäume, das Korn und die Gräser des Feldes, die Milch des Viehs und den Honig der Bienen. Denn alles andere ist des Satans und führt auf den Weg der Sünde und der Krankheiten hin zum Tod. Aber die Nahrung, die ihr von der Fülle des Tisches Gottes eßt, gibt eurem Körper Stärke und Jugend, und ihr werdet keine Krankheiten kennen. Denn der Tisch Gottes ernährte Methusalem bis ins hohe Alter, und ich sage euch wahrlich, wenn ihr genauso lebt, wie er lebte, dann wird der Gott des Lebendigen euch auch so ein langes Leben auf Erden geben.

Wahrlich, ich sage euch, der Gott des Lebendigen ist reicher als alle Reichen der Erde, und sein voller Tisch ist reicher als die reichste Festtafel aller Reichen auf Erden. Eßt darum euer ganzes Leben lang am Tisch eurer Erdenmutter, und ihr werdet nie Mangel kennen. Und wenn ihr an ihrem Tische eßt, eßt alle Dinge, so wie sie auf dem Tisch der Erdenmutter gefunden werden. Kocht nicht, noch mischt alle Dinge miteinander, damit eure Eingeweide keine dampfenden Sümpfe werden. Denn ich sage euch wahrlich, dies ist in den Augen des Herrn abscheulich.

Und seid nicht wie der gierige Diener, der immer am Tisch seines Herrn die Portionen von anderen aufaß. Er verschlang alles selbst und vermischte es in seiner Gefräßigkeit. Und als sein Herr dies sah, war er über ihn erzürnt und trieb ihn vom Tisch weg. Und als alle ihr Mahl beendet hatten, mischte er alles, was übrigblieb, zusammen und rief den gierigen Diener zu sich und sagte: ‹Nimm und iß dies alles mit den Schweinen, denn dein Platz ist unter ihnen, und nicht an meinem Tisch.›

Seid deshalb vorsichtig und verunreinigt euren Körper nicht mit allen Arten von Abscheulichkeiten. Seid mit zwei oder drei Nahrungsarten zufrieden, die ihr immer auf dem Tisch unserer Erdenmutter finden werdet. Und begehrt nicht, alle Dinge zu verzehren, die ihr überall seht. Denn wahrlich, ich sage euch, wenn ihr alle Arten von Nahrung in eurem Körper vermischt, dann wird der Friede eures Körpers aufhören, und ein endloser Krieg wird in euch wüten. Und er wird ausgelöscht werden, so wie Familien und Königreiche ihre eigene Zerstörung einleiten, wenn sie sich spalten. Denn euer Gott ist der Gott des Friedens und unterstützt keine Teilung. Ladet darum nicht den Fluch Gottes auf euch, damit er euch nicht von seinem Tische wegtreibt, und ihr gezwungen seid, zum Tische des Satans zu gehen, wo das Feuer der Sünden, der Krankheiten und des Todes euren Körper verdirbt.

Und wenn ihr eßt, eßt nie bis zur Völle.

Flieht die Versuchungen des Satans und hört auf die Stimme der Engel Gottes. Denn Satan und seine Macht verführt euch, immer mehr und mehr zu essen. Lebt aus dem Geist und widersteht den Begierden des Körpers.

Und euer Fasten wird immer eine Freude in den Augen der Engel Gottes sein. So beachtet, wieviel ihr gegessen habt, wenn ihr satt seid, und eßt immer ein Drittel weniger.

Laßt das Gewicht eurer täglichen Nahrung nicht weniger als ein Mina sein, aber beachtet, daß es nicht über zwei hinausgeht. Dann werden euch die Engel Gottes immer helfen, und ihr werdet nie in die Gewalt des Satans und seiner Krankheiten fallen. Erschwert die Arbeit der Engel in eurem Körper nicht mit häufigem Essen. Denn wahrlich, ich sage euch, derjenige, der mehr als zweimal am Tage ißt, vollbringt Satans Arbeit in sich. Und die Engel Gottes verlassen seinen Körper, und bald danach nimmt Satan Besitz von ihm. Eßt nur, wenn die Sonne ihren höchsten Stand am Himmel hat, und wieder, wenn sie untergegangen ist. Und ihr werdet keine Krankheiten sehen, denn das findet Gefallen in den Augen des Herrn. Und wenn ihr wollt, daß die Engel Gottes sich an eurem Körper erfreuen und daß Satan euch von weitem meidet, dann sitzt nur einmal am Tag am Tische Gottes. Und dann werden eure Tage auf Erden lang werden, denn dies findet Wohlgefallen in den Augen des Herrn. Eßt immer, wenn der Tisch Gottes vor euch gedeckt ist, und eßt immer das, was ihr auf dem Tisch Gottes findet. Denn wahrlich, ich sage euch, Gott weiß genau, was euer Körper braucht und wann er es braucht.

Mit Beginn des Monats Ijar eßt Gerste; vom Monat Sivan an eßt Weizen, die vollkommenste aller samentragenden Pflanzen; und macht euer täglich Brot aus Weizen, auf daß der Herr auf euren Körper achtgeben kann. Vom Tammuz an eßt die saure Traube, damit eure Körper dünner werden und Satan sie verläßt. Im Monat Elul sammelt die Traube, auf daß der Saft euch als Getränk diene. Im Monat Marcheshvan sammelt die süße Traube gesüßt und getrocknet vom Engel der Sonne, daß sie euren Körper stärkt, denn die Engel des Herrn wohnen in ihr. Ihr sollt Feigen essen, die reich an Saft in den Monaten Ab und Shebat sind, und was übrigbleibt, laßt den Engel der Sonne für euch haltbar machen. Eßt sie mit dem Fleisch der Mandeln in all den Monaten, wenn die Bäume keine Früchte tragen. Und die Kräuter, die nach dem Regen kommen, eßt im Monat Thebet, auf daß euer Blut von allen Sünden gereinigt werde. Und im selben Monat beginnt auch damit, die Milch eurer Tiere zu trinken, weil der Herr die Kräuter den Tieren auf dem Felde gab, um sie in Milch umzuwandeln, damit sie mit ihrer Milch den Menschen nähren können. Denn wahrlich, ich sage euch, glücklich sind jene, die nur am Tische Gottes essen und alle Abscheulichkeiten des Satans abweisen. Eßt keine unreine Nahrung, die von fernen Ländern gebracht wird, sondern eßt immer das, was eure Bäume tragen. Denn euer Gott weiß wohl, was richtig für euch ist, und wo und wann. Und er gibt allen Leuten aller Königreiche das Essen, das für jeden das beste ist. Eßt nicht wie die Heiden, die sich in Eile vollstopfen und ihre Körper mit allen Abscheulichkeiten verschmutzen.

Denn die Macht der Engel Gottes kommen in euch mit der lebendigen Speise, die der Herr euch von seiner königlichen Tafel gibt. Und wenn ihr eßt, habt über euch den Engel der Luft und unter euch den Engel des Wassers. Atmet tief und lang bei allen euren Mahlzeiten, daß der Engel der Luft eure Mahlzeiten segnet. Und kaut eure Nahrung gut mit euren Zähnen, daß sie zu Wasser wird, und daß der Engel des Wassers sie in eurem Körper zu Blut umwandeln kann. Und eßt langsam, als ob es ein Gebet sei, das ihr dem Herrn widmet. Denn wahrlich, ich sage euch, die Macht Gottes fließt in euch, wenn ihr auf diese Art an seinem Tisch eßt. Aber Satan verwandelt den Körper desjenigen in einen dampfenden Sumpf, bei dem die Engel der Luft und des Wassers nicht während seiner Mahlzeiten anwesend sind. Und der Herr duldet ihn nicht mehr an seinem Tisch. Denn der Tisch des Herrn ist wie ein Altar, und der, der am Tische Gottes ißt, ist in einem Tempel. Denn ich sage euch wahrlich, die Körper der Menschensöhne werden zu einem Tempel umgewandelt und ihre inneren Teile zu einem Altar, wenn sie die Gebote Gottes halten. Legt deshalb nichts auf den Altar Gottes, wenn euer Geist verdrossen ist, noch denkt schlecht über andere im Tempel Gottes. Und betretet das Allerheiligste des Herrn nur, wenn ihr den Ruf seiner Engel fühlt, denn alles, was ihr in Traurigkeit oder in Ärger oder ohne Wunsch eßt, wird zu Gift in eurem Körper. Denn der Atem Satans beschmutzt alles. Legt eure Gaben mit Freude auf den Altar eures Körpers und laßt alle bösen

Gedanken von euch weichen, wenn ihr in eurem Körper die Macht Gottes von seinem Tisch empfangt. Und setzt euch nie an den Tisch Gottes, bevor er euch vom Engel des Appetits rufen ließ.

Erfreut euch darum immer mit den Engeln Gottes an ihrem königlichen Tisch, denn dies erfreut das Herz des Herrn. Und euer Leben auf Erden wird lang werden, denn der wertvollste von Gottes Dienern wird euch alle Tage dienen: der Engel der Freude.

Und vergeßt nicht, daß jeder siebte Tag heilig ist und Gott geweiht. An sechs Tagen nährt eure Körper mit den Geschenken der Erdenmutter, aber am siebten Tag weiht eure Körper eurem Himmlischen Vater. Und am siebten Tag eßt keine Erdenspeise, sondern lebt nur vom Worte Gottes. Und seid den ganzen Tag mit den Engeln des Herrn im Reiche des Himmlischen Vaters. Und am siebten Tag laßt die Engel Gottes das Königreich des Himmels in eurem Körper bauen, so wie ihr sechs Tage im Königreich der Erdenmutter arbeitet. Und laßt keine Nahrung die Arbeit der Engel in eurem Körper am siebten Tag erschweren. Und Gott wird euch ein langes Leben auf Erden geben, damit ihr ein ewiges Leben im Reich des Himmels haben werdet. Denn wahrlich, ich sage euch, wenn ihr keine Krankheiten auf Erden mehr sehen werdet, werdet ihr für immer im Königreich des Himmels leben.

Und Gott wird euch jeden Morgen den Engel der Sonne senden, um euch vom Schlaf aufzuwecken. Darum gehorcht den Aufforderungen Gottes und bleibt nicht faul in euren Betten liegen, denn die Engel der Luft und des Wassers erwarten euch schon draußen. Und arbeitet den ganzen Tag mit den Engeln der Erdenmutter, damit ihr sie und ihre Werke immer besser kennenlernt. Aber wenn die Sonne untergegangen ist und euer Himmlischer Vater euch seinen geliebten Engel sendet, den Schlaf, dann ruht euch aus und bleibt die ganze Nacht mit den Engeln des Schlafes. Und dann wird euer Himmelsvater euch seine unbekannten Engel senden, auf daß sie die lebenslange Nacht mit euch sind. Und die unbekannten Engel des Himmelsvaters werden euch viele Dinge vom Reiche Gottes lehren, genauso wie die Engel, die ihr von der Erdenmutter kennt, euch in den Dingen ihres Reiches unterweisen. Denn wahrlich, ich sage euch, ihr werdet jede Nacht Gäste im Königreich eures Himmlischen Vaters sein, wenn ihr seine Gebote haltet. Und wenn ihr am Morgen aufwacht, werdet ihr die Macht der unbekannten Engel fühlen. Und euer Himmelsvater wird sie jede Nacht senden, auf daß sie euren Geist aufbauen, genauso wie jeden Tag die Erdenmutter euch ihre Engel schickt, auf daß sie euren Körper aufbauen. Denn wahrlich, ich sage euch, wenn zur Tageszeit eure Erdenmutter euch mit ihren Armen umhüllt und in der Nacht der Himmelsvater seinen Kuß auf euch haucht, dann werden die Menschensöhne die Söhne Gottes werden.

Widersteht Tag und Nacht den Versuchungen des Satans. Wacht nicht des Nachts, noch schlaft am Tage, damit euch die Engel nicht verlassen.

Und habt kein Vergnügen an Getränken noch an irgendeinem Rausch vom Satan, die euch des Nachts wachhalten und am Tage schlafen lassen. Denn ich sage euch, alle Getränke und aller Rausch des Satans sind Abscheulichkeiten in den Augen Gottes.

Begeht keine Hurerei am Tage und in der Nacht, denn die Hurerei ist wie ein Baum, dessen Saft aus seinem Stamm fließt. Und dieser Baum wird vor seiner Zeit ausgetrocknet sein, noch wird er je Frucht tragen. Darum geht nicht huren, damit der Satan nicht eure Körper austrocknet und der Herr eure Saat unfruchtbar macht.

Meidet alles, was zu heiß und zu kalt ist. Denn es ist der Wille eurer Erdenmutter, daß weder Hitze noch Kälte eurem Körper schaden soll. Und laßt eure Körper weder heißer noch kälter werden, als Gottes Engel sie wärmen oder kühlen. Und wenn ihr die Gebote eurer Erdenmutter haltet, dann wird, sooft euer Körper zu heiß wird, sie euch den Engel der Kühle senden, um euch zu kühlen, und sooft euer Körper zu kalt wird, wird sie euch den Engel der Wärme senden, um euch zu wärmen.

Folgt dem Beispiel aller Engel des Himmlischen Vaters und der Erdenmutter, die Tag und Nacht unaufhörlich arbeiten, in ihren Reichen des Himmels und der Erde. Darum nehmt auch den Stärksten der Engel Gottes in euch auf, den Engel der Taten, und arbeitet zusammen am Reich Gottes. Folgt dem Beispiel des fließenden Wassers, des wehenden Windes, des Auf- und Untergehens der Sonne, des Wachsens der Pflanzen und

Bäume, der Tiere, wie sie rennen und spielen, dem Ab- und Zunehmen des Mondes, der Sterne, wie sie kommen und wieder gehen, all diese bewegen sich und führen ihre Arbeiten aus. Denn alles, was Leben hat, bewegt sich, und nur das Tote ist starr. Und Gott ist der Gott des Lebendigen und Satan der Herr der Toten. Darum dient dem lebendigen Gott, daß die ewige Bewegung des Lebens euch erhält und daß ihr der ewigen Totenstille entkommt. Arbeitet deshalb unaufhörlich am Reiche Gottes, damit ihr nicht in das Reich des Satans geworfen werdet. Denn die ewige Freude herrscht im lebendigen Reich Gottes, aber tiefe Traurigkeit verdunkelt das Todesreich des Satans. Seid darum wahre Söhne eurer Erdenmutter und eures Himmlischen Vaters, daß ihr nicht in die Sklaverei des Satans fallt. Und eure Erdenmutter und euer Himmelsvater werden euch ihre Engel schicken, um euch zu lehren, zu lieben und zu dienen. Und ihre Engel werden die Gebote Gottes in euren Kopf schreiben, in euer Herz und in eure Hände, damit ihr die Gebote Gottes wißt, fühlt und tun könnt.

Und betet jeden Tag zu eurem Himmelsvater und eurer Erdenmutter, damit eure Seele vollkommen wird, so vollkommen, wie der heilige Geist des Vaters es ist, und daß eure Körper so vollkommen werden, wie der Körper eurer Erdenmutter vollkommen ist. Denn wenn ihr die Gebote versteht, fühlt und ausführt, dann wird euch alles, um was ihr bittet, von eurem Himmelsvater und der Erdenmutter gegeben werden. Denn die Weisheit, die Liebe und Macht Gottes sind über allem.

Betet darum auf diese Weise zu eurem Himmelsvater:

‹Unser Vater, der Du bist im Himmel, geheiligt sei dein Name. Dein Reich komme. Dein Wille geschehe auf Erden wie im Himmel. Gib uns heute unser tägliches Brot. Und vergib uns unsere Schulden, wie wir unseren Schuldnern vergeben. Und führe uns nicht in Versuchung, sondern erlöse uns von dem Bösen. Denn Dein ist das Reich, die Macht und die Herrlichkeit immerdar. Amen.›

Und betet auf diese Weise auch zu eurer Erdenmutter:

‹Unsere Mutter, die Du bist auf Erden, geheiligt sei Dein Name. Dein Reich komme, und Dein Wille geschehe in uns wie in dir. Da Du jeden Tag Deine Engel sendest, so sende sie auch zu uns. Vergib uns unsere Sünden, wie wir alle unsere Sünden gegen Dich sühnen. Und führe uns nicht in die Krankheit, sondern erlöse uns von allem Übel, denn Dein ist die Erde, der Körper und die Gesundheit. Amen.›»

Und alle beteten zusammen mit Jesus zum Himmelsvater und zur Erdenmutter. Und danach sprach Jesus zu ihnen: «Genauso wie euer Körper durch die Engel der Erdenmutter wiedergeboren werden, genauso möge euer Geist durch die Engel des Himmlischen Vaters wiedergeboren werden. Werdet darum wahre Söhne eures Vaters und eurer Mutter und die wahren Brüder der Menschensöhne. Bis jetzt ward ihr mit eurem Vater, mit eurer Mutter und euren Brüdern im Krieg. Und ihr habt Satan gedient. Von heute an lebt in Frieden mit eurem Himmelsvater und mit eurer Erdenmutter und mit euren Brüdern, den Menschensöhnen. Und kämpft nur gegen Satan, damit er euch nicht den Frieden raubt. Ich gebe eurem Körper den Frieden eurer Erdenmutter und eurem Geiste den Frieden eures Himmelsvaters. Und laßt den Frieden beider unter den Menschensöhne regieren.

Kommt alle zu mir, die ihr müde seid und unter Streit und Bedrängnis leidet. Denn mein Friede wird euch stärken und erquicken. Denn mein Friede ist überquellend von Freude. Deshalb grüße ich euch immer auf diese Weise: ‹Friede sei mit euch!› Grüßt euch darum auch so, daß sich auf euren Körper der Friede der Erdenmutter herabsenkt und in euren Geist der Friede eures Himmelsvaters. Und dann werdet ihr auch unter euch Frieden finden, denn das Reich Gottes ist in euch. Und geht nun zurück zu euren Brüdern, mit denen ihr bis jetzt in Krieg gelebt habt, und gebt ihnen euren Frieden. Denn glücklich sind die, die nach Frieden streben, sie werden den Frieden Gottes finden. Geht und sündigt nicht mehr. Und gebt jedem euren Frieden, genauso wie ich euch meinen Frieden gab. Denn mein Friede ist von Gott. Friede sei mit euch.» Und er verließ sie.

Und sein Friede sank auf sie herab; und in ihren Herzen war der Engel der Liebe, in ihren Köpfen die Weisheit des Gesetzes und in ihren Händen die Macht der Wiedergeburt, so gingen sie fort unter die Menschensöhne, um das Licht des Friedens jenen zu bringen, die im Dunkeln kämpfen.

Und sie trennten sich und wünschten einander:
«Friede sei mit euch.»

Anhang

Alte Lehren aus der Dämmerung der Geschichte

Seit den fernen Zeitaltern der Geschichte existiert eine bemerkenswerte Lehre, die universal in ihrer Anwendung und zeitlos in ihrer Weisheit ist. Fragmente davon findet man in den sumerischen Hieroglyphen und auf den Steinen und Tonscherben, die bis zu achttausend Jahre alt sind. Einige der Symbole, wie Sonne, Mond, Luft, Wasser und andere Naturkräfte, sind sogar noch älter als der Kataklysmus, der die Pleistozän-Periode (Diluvium) beendete. Wie viele Jahrtausende davor diese Lehre schon existiert hatte, ist unbekannt.

Spuren der Lehre fand man in beinahe jedem Land und jeder Religion. Ihre fundamentalen Prinzipien wurden im alten Persien, Ägypten, Indien, Tibet, China, Palästina, Griechenland und vielen anderen Ländern gelehrt. Aber in einer sehr reinen Form wurde sie von den Essenern überliefert, die in den letzten zwei oder drei Jahrhunderten vor Christus und dem ersten Jahrhundert danach am Toten Meer in Palästina und am Mareotis-See in Ägypten gelebt hatten. In Palästina und Syrien waren die Mitglieder der Bruderschaft als Essener bekannt und in Ägypten als Therapeuten, d.h.

Heiler. Man weiß nicht, wo sie herkommen, doch es ist sicher, daß die Essener sehr lange als Bruderschaft existiert hatten, vielleicht unter anderem Namen in anderen Ländern.

Die Lehre erscheint im Zend-Avesta des Zarathustra, der sie zu einer Lebensweise formte, die viele Tausende von Jahren befolgt wurde. Sie enthält die fundamentalen Konzepte des Brahmanismus, der Veden und der Upanischaden; auch das indische Yoga-System hat darin seinen Ursprung. Buddha lehrte später im wesentlichen die gleichen Ideen, und sein heiliger Bodhi-Baum entspricht dem Lebensbaum der Essener. In Tibet fand die Lehre noch einmal im tibetanischen Lebensrad seinen Ausdruck.

Die Pythagoräer und Stoiker des alten Griechenland folgten auch den Prinzipien der Essener und weitgehendst ihrer Lebensweise. Die gleiche alte Lehre war ein Element der adonischen Kultur der Phönizier, der alexandrinischen Schule der Philosophie in Ägypten und trug viel zu den verschiedenen Zweigen der westlichen Kultur – Freimaurer, Gnostiker, Kabalisten, und Christen – bei. Jesus interpretierte sie in ihrer feinsten und schönsten Form in den neun Seligpreisungen der Bergpredigt.

Die Essener Bruderschaft am Toten Meer

Die Essener lebten am Strand von Seen und Flüssen,

fern der Städte und Dörfer, und praktizierten eine kommunale Lebensweise, bei der sie alles miteinander in gleichem Maße teilten. Sie waren hauptsächlich Land- und Forstleute und hatten ein umfangreiches Wissen über Getreide, Boden und Klimabedingungen, das sie befähigte, eine große Vielfalt an Früchten und Gemüsen in verhältnismäßig wüstenhaften Gebieten mit einem Minimum an Arbeit zu erzeugen.

Sie hatten keine Diener oder Sklaven, und man sagte von ihnen, daß sie die ersten Menschen gewesen seien, die Sklaven theoretisch wie praktisch verdammt hätten. Es gab weder Arme noch Reiche unter ihnen, beides sahen sie als eine Abweichung vom Gesetz an. Sie gründeten ihr eigenes ökonomisches System, das ganz auf dem Gesetz beruhte, und zeigten, daß alle Bedürfnisse des Menschen an Nahrung und Material ohne Kampf erfüllt werden können, einfach durch Kenntnis des Gesetzes.

Sie verbrachten viel Zeit damit, die alten Schriften zu studieren, und beschäftigten sich zudem mit den besonderen Bereichen der Erziehung, Heilung und Astronomie. Sie wurden für die Erben der chaldäischen und persischen Astronomie und der ägpytischen Heilkünste gehalten. Sie waren in Prophetie eingeweiht, auf die sie sich durch verlängertes Fasten vorbereiteten. Im Gebrauch von Heilkräutern und Heilpflanzen waren sie ebenso geübt.

Sie lebten ein einfaches, geordnetes Leben, standen jeden Morgen vor Sonnenaufgang auf, um mit den

Kräften der Natur zu kommunizieren, das Baden in kaltem Wasser war ihnen ein Ritual, und sie trugen weiße Gewänder. Nach ihrer täglichen Arbeit auf den Feldern und den Weinbergen nahmen sie schweigend ihre Mahlzeiten ein, die sie mit einem Gebet begannen und beendeten. Sie aßen vollständig vegetarisch und berührten weder Fleischspeise noch gegorene Flüssigkeiten. Ihre Abende waren dem Studium und der Kommunion mit dem Himmlischen Kräften gewidmet.

Der Abend war der Anfang des Tages, und ihr Sabbath oder Heiliger Tag begann am Freitagabend, dem ersten Tag ihrer Woche. Diesen Tag füllten sie mit Studium, Diskussion, Unterhaltung mit Besuchern und dem Spiel bestimmter Musikinstrumente, von denen Überreste gefunden wurden.

Ihre Lebensweise ließ sie ein fortgeschrittenes Alter von 120 Jahren und mehr erreichen, und man sagte ihnen eine erstaunliche Stärke und Ausdauer nach. In all ihren Aktivitäten drückten sie kreative Liebe aus.

Aufzeichnungen über die Essener Lebensweise wurde uns durch Schriften ihrer Zeitgenossen überliefert. Plinius, der römische Naturalist, Philo, der alexandrinische Philosoph, Josephus Flavius, der römische Historiker, Solanius und andere sprachen von ihnen verschiedentlich als «eine eigene Rasse, bemerkenswerter als jede andere in der Welt», «die ältesten Eingeweihten, die ihre Lehre aus Zentralasien erhalten hatten», «dauernde und unveränderliche Heiligkeit in Gedanken, Worten und Ideen.»

Daß diese Lehre sehr alt ist und die Zeiten überdauerte, beweist, daß sie kein Entwurf eines einzelnen oder bestimmter Menschen sein kann, sondern daß sie die Interpretation – die Weitergabe durch große Lehrer – der Gesetze des Universums, des grundlegenden Gesetzes ist, ewig und unveränderlich wie die Sterne in ihrer Bahn. Sie ist die gleiche heute wie vor zwei oder zehntausend Jahren und kann heute genauso wie damals gelebt werden.

Ein Teil der äußeren Lehre ist in den aramäischen Texten im Vatikan in Rom aufbewahrt. Einige slawische Texte fand man im Besitz der Habsburger in Österreich. Sie sollen im dreizehnten Jahrhundert von nestorianischen Priestern, die vor den Horden des Dschingis Khan flohen, aus Asien mitgebracht worden sein. Außerdem gibt es die Schriftrollen des Toten Meeres, die eine neugierige Ziege vor vierzig Jahren fand. Dank der Trockenheit in den Höhlen, wo sie am Toten Meer vergraben waren, überlebten viele Rollen die Jahrtausende und lenkten so in der Mitte des zwanzigsten Jahrhunderts die Aufmerksamkeit plötzlich auf die Essener.

Aus: *Die Lehren der Essener*

Nachwort von Bruno Martin

Als ich vor über zehn Jahren das «Friedensevangelium der Essener» in deutscher Sprache veröffentlichte, ahnte ich noch nicht, welchen Zuspruch dieses kleine Werk finden würde. Immer mehr Menschen verlangen in einer bewegten Zeit nach zeitlosen Wahrheiten, und das «Friedensevangelium» und weitere Bücher der Essener erfüllen diesen Wunsch in hohem Maße. Sie sind im wahrsten Sinne eine «Bibel für das neue Zeitalter», obwohl sie bereits vor zweitausend Jahren verfaßt wurden. Es scheint, daß ihre Zeit erst jetzt gekommen ist.

Viele Leser fragten im Laufe der Jahre, wo diese Bücher denn herkommen und ob sie «echt» seien. Diese Frage habe ich auch gestellt. Dr. Székely betonte, daß der Text für sich selbst spricht. Er sei gewissenhaft aus dem Aramäischen übersetzt und tatsächlich von ihm in der Bibliothek des Vatikans gefunden worden, wie er in seiner Erzählung «Die Entdeckung des Friedensevangeliums der Essener» (als 2. Teil von Buch 4 veröffentlicht) berichtet. Manche Leser versuchten auf verschiedenen Wegen herauszubekommen, ob dieser Text tatsächlich im Vatikan existiert. Ich weiß inzwischen von einer Religionswissenschaftlerin, die selbst in der vatikanischen Bibliothek studieren konnte, daß dieser Text tatsächlich existiert.

Inzwischen gibt es weitere hervorragende Dokumente, die der Historiker Hugh Schonfield, Autor des Buches «Die Essener», seit über vierzig Jahren ausgewertet und in Büchern verarbeitet hat. Er belegt, daß die Essener-Bruderschaft eine bedeutende esoterische Gemeinschaft war und Jesus tatsächlich einer ihrer außergewöhnlichen Mitglieder. Er weist außerdem nach, daß der Kirchengründer Paulus ein Essener gewesen war. Deshalb wundert es nicht, daß die Organisationsstruktur der Essener die Grundlage für die spätere Kirche bildete.

Als strenggläubige jüdische Sekte wollte die Essener-Bruderschaft ursprünglich nur das Judentum reformieren, das ihrer Meinung nach von den Lehren Moses weit abgewichen war. Tatsächlich verbündeten sich in den Jahrzehnten vor der Zeitenwende damalige jüdische Hohepriester mit den römischen und griechischen Besatzern und wichen vom Glauben ab. Männer wie Judas Makkabäus kämpften im Untergrund gegen die Besatzungsmächte und versuchten auch, die heilige Torah zu sichern und aufzubewahren. Einige Teile der Torah wurden neu geschrieben, zum Teil verschlüsselt, um den Juden die Idee eines Messias, eines göttlichen Retters, nahezubringen. Jesus wurde offenbar dafür auserwählt, doch seine Aktionen hatten nicht den gewünschten Erfolg. Da auch die Juden nicht bereit waren, dem «Neuen Bund» der Essener zu folgen, wurde im Jahre 70 das Christentum begründet, das – wie wir wissen – zuerst in kleinen Gemeinschaften begann und sich dann ausbreitete. Als schließlich der römische Kaiser Konstantin das Christentum anerkannte, wurde dieses zur Staatsreligion und andere Glaubensbekenntnisse wurden verfolgt, wie zuvor die Christen. Das war sicherlich nicht im Sinne von Jesus oder der Essener.

Während der turbulenten Ereignisse um die Zeitenwende kursierten unzählige Schriften und Predigten im Nahen Osten. Es gab zudem außer den Essenern noch weitere Sekten, wie Mandäer, Sadduzäer, Pharisäer, Eboniten, Nazoräer (jüdische Christen, wovon der Begriff «Jesus der Nazarener» abgeleitet wurde, da Nazareth damals noch gar nicht existierte) und viele andere. Alle hatten ihre heiligen Schriften. Diese wurden zumeist mündlich verbreitet. Unter den schriftlichen Überlieferungen waren auch Texte, die der heilige Hieronymus übersetzte und die, wie Dr. Székely schreibt, schließlich in den Vatikan und die Bibliothek der Benediktiner auf dem Monte Cassino gelangten, wo er sie gefunden hat.

Es verwundert nicht, daß er sich auf den Standpunkt stellt, daß die Texte für sich selbst sprechen – und ich kann mich dieser Aussage nur anschließen. Einen Beweis dafür, daß Jesus oder andere Meister der Essener diese Reden gehalten haben, gibt es nicht. Es gibt auch keine Beweise dafür, daß die Erzählungen des Neuen Testaments authentisch sind; auch diese wurden erst 70 bis 120 Jahre nach Jesus von Menschen verfaßt, die Jesus nicht persönlich gekannt hatten.

Es gibt eine Menge weiterer «Evangelien» wie z.B.

das Thomas-Evangelium, die Johannesakten, koptische Evangelien (die Funde von Nag Hammadi) und natürlich die Schriftrollen, die 1948 am Toten Meer ausgegraben wurden. Alle haben den «Geschmack» echter mystischer oder spiritueller Erfahrung und Weisheit; zum größten Teil sind es esoterische Schriften, die große Bedeutung für die Gruppen hatten, die nach ihnen lebten. Es lohnt sich, auch diese Schriften zu lesen, die inzwischen alle in mühevoller Arbeit übersetzt wurden. Die vier Evangelien des Neuen Testaments wurden schließlich beim Konzil von Nicäa im Jahre 435 als von der Kirche allein anerkannte Evangelien dogmatisiert, weil man befürchtete, daß die anderen Evangelien die Vorherrschaft einer einzigen christlichen Kirche in Frage stellen würden.

Insofern ist die Frage der Echtheit der Essener-Evangelien, die Dr. Székely übersetzt hat, nebensächlich. Wenn der Leser sich angesprochen fühlt, dann nur, weil Weisheit oder spirituelle Wahrheit aus ihnen spricht.

Zugleich sollte der Leser beachten, daß – wie bei vielen wertvollen Büchern, die uns aus der Vergangenheit überliefert worden sind – auch Unzulänglichkeiten oder Übertreibungen enthalten sind. Die Ratschläge, die im vorliegenden Buch Jesus bezüglich der gesunden Lebensführung und Ernährung gibt, sind sicherlich bemerkenswert. Auch wenn die Begründer des modernen Vegetarismus diese Schrift nicht kannten, kann man sagen, daß sie im «Buch der Natur» gelesen haben und zu richtigen Erkenntnissen gekommen sind.

Man sollte jedoch auch daraus kein Dogma machen. Jeder Mensch hat eine individuelle Veranlagung und braucht, je nach Lebensumständen und klimatischen Bedingungen, eine entsprechend angepaßte Ernährungsweise. Das siebentägige Fasten, das in diesem Buch empfohlen wird, ist bestimmt eine gute Sache und kann tatsächlich so helfen, wie es geschildert wird. Jedoch sollte jeder Kranke den Rat eines aufgeschlossenen, informierten Arztes suchen, um Fehler zu vermeiden. Längeres Fasten sollte selbstverständlich nur unter kundiger Beobachtung und fachlicher Begleitung durchgeführt werden, um gesundheitliche Schäden zu vermeiden.

Ich denke allerdings, Jesus wollte vor allem anschaulich aufzeigen, wohin ein unnatürliches Leben führen kann. Die Menschen, zu denen er sprach, waren wohl in höchstem Maße falsch oder mangelhaft ernährt, kannten keine Hygiene und andere gesunde Maßregeln. Es mußte ihnen drastisch geschildert werden, wie es um ihr Leben steht und wie sie es verbessern können. Selbstverständlich würden wir einen Bandwurm, der offensichtlich in der Schilderung ausgetrieben wurde, heute nicht als «Satan» (Schlange) bezeichnen. Doch es ist bekannt, daß sich Würmer hauptsächlich durch mangelhafte Ernährung zusammen mit mangelnder Hygiene ansiedeln. Und derartige Lebensumstände kommen immer – durch äußere gesellschaftliche oder politische Einflüsse hervorgerufen oder selbst verursacht – durch eine Lebensweise, die sich vom «Gesetz» der Erdenmutter entfernt hat. Und das Wort «Sünde», bedeutet das Gegenteil von Gesundheit, nämlich von der Ganzheit abgetrennt sein.

Wie alle biblischen Schriften sollten wir diese Texte vor allem aber sinnbildlich verstehen, nicht wörtlich. Dann haben sie den großen spirituellen, unvergänglichen Wert, den wir Menschen heute mehr brauchen als je zuvor.

Bruno Martin
im August 1988

Die Schriften der Essener

Die Originaltexte aus dem Aramäischen und Hebräischen übersetzt von Dr. Edmond Bordeaux Székely, in neuer deutscher Überarbeitung und Übersetzung.

Buch 2

Die unbekannten Schriften der Essener

In poetischen und tiefbewegenden Bildern wird der Leser, die Leserin zur Kontemplation über die Kräfte der Natur eingeladen.

ISBN 3-906983-04-8

Buch 3

Die verlorenen Schriftrollen der Essener

Weitere wunderschöne Texte der Essener

ISBN 3-906983-05-6

Buch 4

Das geheime Evangelium der Essener
und: Die Entdeckung des Friedens Evangeliums

ISBN 3-906983-06-4

Die Lehren der Essener

Essener Meditationen

Das Buch vermittelt anschaulich die einfachen und praktischen Meditations- und Kontemplationsübungen der Essener.

ISBN 3-906983-07-2

Some Books in English by EDMOND BORDEAUX SZEKELY

THE ESSENE WAY—BIOGENIC LIVING. The Essene Biogenic Encyclopedia.	US $8.80
THE ESSENE WAY—BIOGENIC LIVING. Hard Cover Limited Edition.	12.95
THE ESSENE GOSPEL OF PEACE, BOOK ONE. 1 Million Copies, 23 Languages	1.00
ESSENE GOSPEL OF PEACE, BOOK 2: The Unknown Books of the Essenes.	7.50
ESSENE GOSPE L OF PEACE, BOOK 3: Lost Scrolls of the Essene Brotherhood.	7.50
ESSENE GOSPEL OF PEACE, BOOK 4: The Teachings of the Elect.	5.95
DISCOVERY OF THE ESSENE GOSPEL OF PEACE. The Essenes & the Vatican.	5.95
THE ESSENE BOOK OF ASHA: JOURNEY TO THE COSMIC OCEAN.	7.50
SEARCH FOR THE AGELESS, I: My Unusual Adventures on Five Continents.	7.80
SEARCH FOR THE AGELESS, II: The Great Experiment.	8.80
SEARCH FOR THE AGELESS, III: The Chemistry of Youth.	7.50
THE TENDER TOUCH: BIOGENIC FULFILLMENT.	5.50
THE BIOGENIC REVOLUTION. The 1977 International Essene Biogenic Seminar.	9.50
THE FIRST ESSENE. Dr. Szekely's Last, Unforgettable Seminar (1979).	9.50
BIOGENIC REDUCING. The Wonder Week.	4 50
THE ESSENE BOOK OF CREATION. Light on the Mystery of Mysteries.	4.50
THE ORIGIN OF LIFE. A Panoramic History of the Known and the Unknown.	7.50
TEACHINGS OF THE ESSENES FROM ENOCH TO THE DEAD SEA SCROLLS.	5.95
THE ESSENE JESUS. Revaluation of the Latest Essene Master and his Teachings.	5.95
THE ZEND AVESTA OF ZARATHUSTRA. Powerful Universal Masterpiece.	5.95
ARCHEOSOPHY, A NEW SCIENCE. The Beginning of the Beginnings.	5.95
THE ESSENE ORIGINS OF CHRISTIANITY. 100 Facts and 200 Fallacies.	8.50
THE ESSENES, BY JOSEPHUS AND HIS CONTEMPORARIES.	3.50
THE ESSENE TEACHINGS OF ZARATHUSTRA. Immortal Legend of theWheat.	3.50
THE ESSENE SCIENCE OF LIFE. Companion Book to the Essene Gospel of Peace.	3.50
THE ESSENE CODE OF LIFE. The Natural and Cosmic Laws.	3.50
ESSENE COMMUNIONS WITH THE INFINITE. Holy Life, Sound, and Light.	4.50
THE ESSENE SCIENCE OF FASTING AND THE ART OF SOBRIETY.	3.50
COSMOTHERAPY OF THE ESSENES. Unity of Man, Nature and the Universe.	3.50
THE LIVING BUDDHA. A Comparative Study of Buddha and Yoga.	5.95
SIDDARTHA, THE PILGRIM. Dynamic Spiritual Revelation, set in Ancient India.	2.95
PILGRIM OF THE HIMALAYAS. The Discovery of Tibetan Buddhism.	3.50
TOWARD THE CONQUEST OF THE INNER COSMOS.	6.80
FATHER, GIVE US ANOTHER CHANCE. Survival Through Creative Simplicity	6.80